KB275624

열네 살, 세상의 중심에 서라

큰 것을 이루려면
작은 것부터 살펴야 해!

열네 살, 세상의 중심에 서라

필립 체스터필드 원작 ● 정지영 글·그림

샘터

열네 살, 꿈을 가져야 합니다

'나는 과연 누구일까?' '나의 꿈은 무엇인가?'

여러분은 스스로에게 이런 질문을 해보았나요? 열네 살은 그동안의 자신을 돌아보고, 앞으로 해야 할 일들에 대해 깊이 고민해야 할 시기입니다. 부모님의 품 안에서 벗어나 독립된 인간으로 성장하는 출발점에 서 있는 거니까요.

여러분은 좋은 점수를 얻기 위해 태어난 로봇이 아닙니다. 기계적으로 공부하고 노력해서 좋은 직장에 들어간다고 해서 반드시 성공하는 것이 아닙니다. 자신의 꿈과 목표가 없다면 좋은 직장을 얻는다고 해도 금방 후회를 할 것입니다. 그저 사회의 한 부분에서 기계처럼 일하는 로봇이라 생각할 거예요. 그렇게 되지 않기 위해서는 자신의 마음속을 들여다보아야 합니다. **자신의 마음속 깊이 간직하고 있는 '꿈'을 찾아내야 합니다.**

꿈을 가진 사람은 행복하답니다. 아무리 힘든 시간을 보내고 있다하더라도 목표가 하나하나 이뤄지는 과정을 보며 마음은 항상 부자가 될 수 있는 것이에요. 꿈을 위해 목표를 세우고 하나하나 실현해 나가는 것은 여러분 자신의 몫이지만, 그 길을 안

내하는 것은 아버지의 의무라고 생각합니다.
이 책 《열네 살, 세상의 중심에 서라》는 각자의
꿈을 이루고, 세상의 중심에 서야 할 여러분의
길잡이가 되어 줄 것입니다.

　이 책에 담긴 세계적인 명사들의 성공 비결과 흥미로운
일화들은 여러분의 꿈을 펼치는 데 필요한 날개가 되어 줄 것입니다. 세계적인 위인들이라서 모두가 특별한 사람이 아닙니다. 그들이 훌륭한 일을 해낸 것은 여러분처럼 끊임없이 노력하고 도전하였기에 가능했던 것입니다. 여러 위인들의 성공을 위한 조언을 듣고 여러분의 것으로 만들어 보세요.

　이 책은 필립 체스터필드의 〈아들에게 주는 편지*Letters to His Son*〉를 기초로 하여 구성하였습니다. 열네 살의 나이에 반드시 알아 두어야 할 마음가짐에 대해 18세기의 유능한 정치가이자 저술가였던 체스터필드가 아들이 인생에서 성공하기를 바라는 마음으로 써 보낸 편지 모음이지요. 남을 배려하는 마음, 행동하고 실천하는 자세 등 다양한 삶의 지혜를 배울 수 있을 것입니다.

　여러분은 이제 인생의 축제를 벌이기 위해 준비하는 과정에 있습니다. 어떤 친구들과, 어떤 장식으로 무대를 꾸밀지, 또 얼마나 크고 화려한 무대 위에 자신이 서게 될지는 지금부터 여러분이 준비해 나가야 합니다. 여러분의 축제 이야기는 이제 막 시작되었습니다.

　그리고 세상의 중심에 서기 위해 끊임없이 노력할 때입니다.

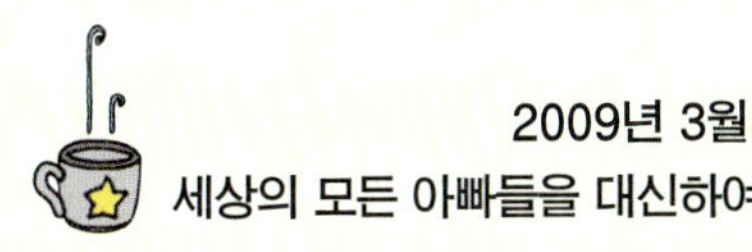

2009년 3월,
세상의 모든 아빠들을 대신하여

Help Me!
마크

이제 곧
정상이야!

1분을 신경 쓰라고 말하고 싶다.
1시간은 알아서 지나가니까.

필립 체스터필드

희망사항 : 마이클 조든 같은 멋진 농구 선수가 될래요!

저는 궁금한 것이 너무 많은 열네 살 소년이에요.
귀찮은 일은 정말 싫어요! 좀 더 쉽고 간단하게
나의 꿈을 이룰 수 있는 길은 없을까요?

희망사항 : 다른 사람들과 즐겁고 행복하게 살고 싶어요!

내 이름은 꿈이예요. 자상한 우리 아빠는 늘 신기한 것들을 알려 주세요.
하지만 나에겐 아빠도 모르는 비밀이 잔뜩 있지요. 그건 아빠도 모를걸요.
교과서에 나와 있지 않은 세상의 많은 것들이 궁금해요.

희망사항 : 가족들과 건강하고 화목하게!

아빠도 어린 시절에는 고민을 많이 했단다.
이제 너희도 꿈과 목표를 갖고 열심히 노력해야 할 때가 됐구나.
희망찬 미래를 위해 지금부터 조금씩 준비해 보렴.

마이클 조든 : 미국의 농구 선수

중·고교 농구팀에서 뛰던 자신의 형 래리 조든만큼
농구를 잘하는 것이 소원이었던 어린 시절의 마이클 조든은 작고 마른 몸으로
고교 농구팀에 낄 수 없었지만 엄청난 노력과 강인한 정신력으로
농구 역사상 가장 뛰어난 선수가 되었어요.

희망은 행동하는 사람에게 있다

우리가 사는 현실에서 드라마의 주인공처럼
되는 것은 쉬운 일이 아니란다. 특히 고난과
역경을 딛고 성공하는 주인공이라면 더욱
특별한 무언가가 필요하지.

그래서 네가 '세상에서 최고로 멋진 여자가 될 거야' 라고 말할 때면, 아빠는 무척 자랑스럽단다!
아코!

세상에는 강한 의지와 노력으로 자신의 꿈을 실현해 나가는 여성들이 많다.
아코고..
자신의 꿈을 이룬 여성 리더들은 보통 사람들보다 더 강한 의지를 가지고 있단다. 강한 의지를 가진 사람만이 자신의 분야에서 성공할 수 있는 것이지.

우리 사회의 리더들이 어떻게 고난과 역경을 극복하고 꿈을 이뤘는지 잠깐 소개해 볼까?

반드시 해낼 거야~.

강한 의지로 문제를 끝내 해결하고야 마는 리더.
잠을 자지 않고라도 모두 끝낸다!

불우한 환경을 극복한 리더.
학원에 가서 좀 더 공부하고 싶지만, 가진 돈이 없으니…. 하지만 이대로 주저앉을 수 없어. 시간을 쪼개서 더 열심히 해야지.

공부는 정말 자신 없어…. 하지만 남들의 두 배로 노력한다면 나에게도 좋은 결과가 따라올 거야!
능력이 부족하더라도 '할 수 있다' 고 자신을 끊임없이 격려하며 앞으로 나아가는 리더.

나는 젊은 시절 여러 분야에서 자신의 꿈을 실현한 사람들을 만나 보았단다. 그들은 모두 하나의 공통점을 가지고 있었지.

안절
부절
행동하지 않고 걱정만 하는 사람은 꿈을 실현할 수 없다는 것!

그러니까 남녀노소를 불문하고 '행동하는 사람' 만이 꿈을 이룰 수 있다는 것이지.
머릿속으로 생각만 하지 말고 행동으로 옮겨야 해!

가수 '비' 가 이런 말을 한 것이 기억에 남는구나.
RAIN
지금 잠을 자면 꿈을 꿀 수 있지만, 잠을 자지 않으면 꿈을 현실로 만들 수 있어요.

너는 호기심이 많고 배우는 것을 좋아하잖니. 네가 배운 것을 행동으로 하나하나 실천하는 습관을 가진다면 결국은 꿈을 이루어 훌륭한 리더가 될 수 있을 거란다.

눈을 감고 네가 어른이 된 모습을
한번 떠올려 보지 않겠니?

네가 원하는 모습대로
어른이 된다해도, 분명
시련은 닥칠 것이다.
영어 못 하는
사람은 필요 없어요!
저랑은
안 맞네요!
이것밖에
안 되나요?

하지만 리더는 힘든 상황을
피하고 두려워해서는 안 된다.
부딪치고 극복하는 사람이
진정한 리더가 될 수 있다.

자신이 내적으로 성장하기 위해서는
다른 사람들의 아픔도 이해하고 받아
들일 수 있어야 한다.

자신의 문제에만 갇혀 있지 말고,
그 경계를 넘어 더 높고 넓은 곳을
향할 때 비로소 리더가 되는 것이다.

리더가 된다는 것은 결코 쉬운 일이 아니란다.
작은 일이라도 행동으로 실천하는 습관을 가져 보렴.

01
행동하는 사람이
가치 있는 사람이다

아들아, 어느덧 네가 열네 살이 되었구나.

요즘 네가 계획한 일을 실천하려고 노력하는 모습이 참 보기에 좋단다. 열네 살이 되어 하루가 다르게 발전해 가는 네가 무척 자랑스럽구나. 그런 행동에 네 자신도 큰 자부심을 느낄 것이라고 아빠는 믿는다. 무엇보다도 생각한 것을 행동으로 옮기고, 계획한 것을 실천하는 습관을, 이번 기회에 네가 확실하게 익혔으면 좋겠구나.

오늘은 계획한 일을 실천해 나가는 방법에 대해 말해 주겠다.

어떤 일이 주어졌을 때 '한 번에 한 가지씩' 일을 처리하는 습관을 가져라. 이 말은 얼핏 보면 당연하게 보이지만 막상 일을 해결해 나가는 과정을 돌이켜 보면 그렇지 않단다. 대개 우리의 마음은 당장 눈앞에 놓인 일들 때문에 조바심으로 가득 차서 안절부절못하고 한 가지 일도 제대로 해내지 못하는 경우가 많다. 시간은 시간대로 쓰고 성과는 성과대로 좋지 못하게 되는 것이다.

그래서 '한 번에 한 가지씩'이라는 습관을 실천하기 위해서는, 먼저 일의 순서를 정하고 그 순서대로 하나씩 해나가는 것이 좋다. 한꺼번에 많은 것을 빠르게 처리하는 것이 결코 좋은 방법이 아니라는 것을 명심하여라. 나중에 결과를 보면 알겠지만 한꺼번에 많은 것을 하느라 몸과 마음이 힘들었을 때보다 훨씬 더 좋은 결과를 가져다줄 것이다.

아빠가 젊었을 때, 절친한 선배가 있었단다. 그 선배는 남들과 똑같은 일을 하면서도 별로 힘들이지 않고 맡은 일을 처리했고, 남들보다 더 좋은 성과를 내곤 했지. 그는 항상 웃는 얼굴로 일을 하고, 일이 끝나면 여가 생활도 즐길 줄 아는 사람이었다. 그래서 어느 날은 선배에게 어떻게 시간을 그토록 효율적으로 사용하느냐고 물었단다. 그러자 선배는 이렇게 대답하더구나.

"특별한 방법이 있는 것도 아니고 어려울 것도 없어. 나는 한 번에 한 가지 일

만 처리해. 그리고 오늘 할 수 있는 일을 절대로 내일로 미루지 않는 것, 그것뿐
이야."

선배의 방법은 말 그대로 아주 간단한 것이었단다. 한 번에 한 가지 일에 집중
하여 처리하는 것, 그날 목표한 일을 미루지 않고 끝마치는 것이었다. 그렇게 하
여 하루하루를 헛되지 않고 알차게 보낼 수 있었던 것이지.

아들아, 이제 알겠니? 무슨 일이든 시작하면 완벽하게 마무리를 짓는 습관을
가져라. 하는 둥 마는 둥 어중간하게 하는 것은 하지 않는 것만 못하단다. 그렇
게 자신이 하는 일을 가치 있게 만들어 가는 것이 중요하다. 공부를 할 때도 '이
부분은 다음에, 이 부분은 시험공부를 할 때……' 라고 미루기보다 바로 이해하
고 머릿속에 담아 두려는 습관을 가져 보아라. 일단 마음먹고 하겠다는 생각을
가졌으면 좀 더 침착하게 집중하여 실행으로 옮겨라.

행동으로 옮기지 않는다면 제아무리 가치 있고 좋은 생각이라도 아무런 소용
이 없다. 행동하는 사람이 진정 가치 있는 사람이다.

성공하는 사람들의 가장 큰 특징, 행동!

1. 현실적인 장애를 걱정하고 고민하기보다는 행동하는 데에 힘쓴다.

2. 변화에 지배받기보다는 유리한 변화를 이끌어 낼 수 있도록 행동한다.

3. 백 가지를 알고 열 가지를 실천하기보다, 열 가지만 알아도 열 가지를 전부 실천한다.

4. '할 수 있었는데… …' 와 같은 말은 쓰지 않는다.

무엇이 내 가슴을 뛰게 하는가

"가슴을 뛰게 하는 것들은 힘든 상황이 닥쳐도 이겨 낼 수 있는 용기를 줘요.
지금 무엇이 나를 움직이고 있는가, 자신에게 물어보세요."

한비야 (1958년 생) 오지 여행가, 월드비전 한국지부 긴급구호팀장

괜찮아. 지금까지 열심히 살아온 날들이 있잖아. 이제 곧 멋진 날들이 올 거야.
Diary
흐윽 흑흑..
일기는 매일 만나는 나의 다정한 친구였고, 내 인생의 방향을 찾아주는 지도와 같았어.

일기를 쓴 지 6년이 되었을 때, 내가 그토록 원하던 나의 모습을 찾을 수 있게 됐지.
대학 합격! 꿈에 그리던 공부를 드디어 할 수 있게 됐어.
Diary

지금은 구호 단체의 팀장으로 일하며 또 다른 새로운 세계를 보고 있어요.

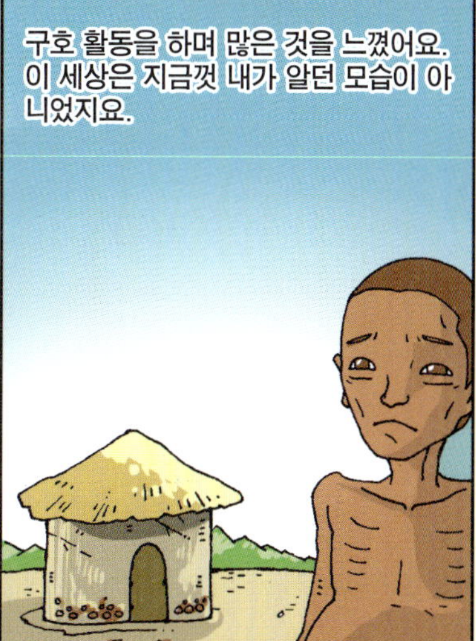

구호 활동을 하며 많은 것을 느꼈어요. 이 세상은 지금껏 내가 알던 모습이 아니었지요.

세상에는 생각만 하는 사람과 행동하는 사람이 있어요.
그 누구든 가슴에서 우러나오는 생각을 모른 척해서는 안 돼요.

나는 가슴이 시키는 대로 움직일 뿐입니다. 나의 손으로 남을 돕고 있을 때 내 가슴이 뛰고, 내 피는 뜨거워집니다.
나 자신이 간절이 원하는 가슴속의 열정, 그것이 바로 '나'를 만드는 가장 중요한 핵심이라고 생각해요. 일기를 쓰지 않았다면, 진정한 나를 발견할 수 없었을 거예요.

02
원칙을 세워 선택하고 행동하라

아들아, 너만의 원칙에 따라 행동하는 습관을 익혀라.

세상에는 규칙을 어기고 비도덕적인 행동을 하는 사람들이 있단다. 또한 규칙을 어기고 편법으로 자신의 이익을 챙기는 사람들도 있지. 하지만 대부분의 사람들은 사회가 정해 놓은 규칙 아래서 정직하게 살아간단다. '규칙'이란 사회의 구성원들이 해를 입지 않고 더불어 살아가기 위해 만들어 놓은 원칙들이다.

영국의 철학자 토머스 홉스(1588~1679, '사회계약론'이라는 이론을 내놓은 근대 철학자)는 "사회의 공인된 규칙을 지키지 않을 경우, 모든 사람이 서로에게 '늑대'가 되어 크든 작든 결국 모두가 손해를 입을 것"이라고 했단다. 다시 말해서, 자신만의 이익을 위해 규칙을 어긴다면 그로 인해 다른 사람들에게 피해를

주게 되고, 결국에는 자신
에게도 좋지 않는 결과
가 돌아온다는 뜻이다. 당장은 이익
을 보더라도 나중에는 자신도 피해
를 입게 되는 것이다.

따라서 세상에 아무리 규
칙을 어기고 이득을 보는 사
람이 있다고 하더라도, 너는
네 자신의 원칙에 따라 행동하여야
한다. 여기서 원칙이란, 네가 살아가면서 배우고 익힌 것을 바탕으로 네 스스
로 쌓아올리는 마음속의 기둥 같은 것이다. 너의 꿈과 목표를 실현하기 위해
지켜야 할 규칙을 네 스스로 만드는 것이지.

이렇게 자신만의 원칙을 세우고 행동한다면, 주변의 어떤 유혹에도 쉽게 마
음이 흔들리지 않게 된단다. 누군가 규칙을 어기고 큰 이득을 보았다고 해서,
덩달아 원칙에서 벗어난 행동을 범하게 되지 않는 것이다. 이처럼 원칙과 신념
은 앞으로의 네 삶을 성공적으로 이끄는 데에 중요한 열쇠가 된다.

하지만 네 주변에는 그런 원칙이 없이 인생을 허비하는 친구들이 있는 것 같
더구나. 어떤 아이는 중학교에 다니면서 담배를 피우고, 힘이 약한 후배나 동급
생을 위협해 돈을 빼앗기도 하더구나. 부모님이나 선생님의 이야기에 귀를 막
고, 약속을 지키지 않고, 바람직하지 않은 이성교제를 하기도 하고 말이다. 건전
한 이성교제는 생활을 밝고 활기차게 할 수 있지만, 어른들에게 거짓말을 해가
며 하는 떳떳하지 않은 이성교제는 너희의 마음을 혼란스럽게만 할 뿐이란다.

십 년, 이십 년 후의 네 모습은 지금부터 네 스스로 만들어 가는 것이다. 어느 날 갑자기 변신할 수 있는 게 아니란다. 네가 원하는 삶을 위해서는 지금부터 너만의 원칙을 세우고, 그 원칙에 따라 행동하는 습관을 가져야 한다.

열네 살, 이제부터 너는 스스로 많은 결정을 해야 한단다. 진학 문제, 이성교제 문제, 진로 문제 등등. 그럴 때마다 네가 굳게 믿고 있는 원칙에 따라 선택하고 행동하여라. 그러면 너는 머지않아 너만의 세계관을 가진 어른이 되어, 세상의 중심에 우뚝 서 있게 될 것이다.

만족스러운 생활을 위해서는

1. 결과에 지나치게 집착하지 않는 게 좋다.

2. 좋지 않은 것은 빨리 잊어버리렴.

3. 사람들에게 네 마음을 표현해 보렴. 시간이 날 때마다,
   자주자주!

나 자신은 내가 만들어 가는 거예요!

"처음엔 아무도 내가 성공할 거라 믿지 않았어요.
멋진 가수가 되겠다는 나 자신과의 약속 때문에 노력을 멈추지 않았던 거지요."

보아 (1986년 생) 한국의 아이돌 가수

NIPPON RECORD
RECORD
BOA
웅
길거리 공연,
사인회,
라이브 무대….
쉴 틈이
없었어요.
더욱이 일본에서는 신인이었고,
한국인이었으니까요.

어느 날,
땡볕에서
노래하다
결국 쓰러지고
말았는데,

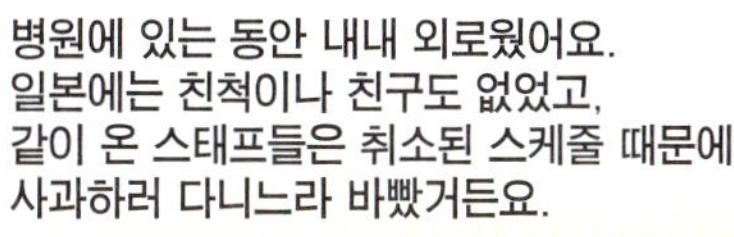
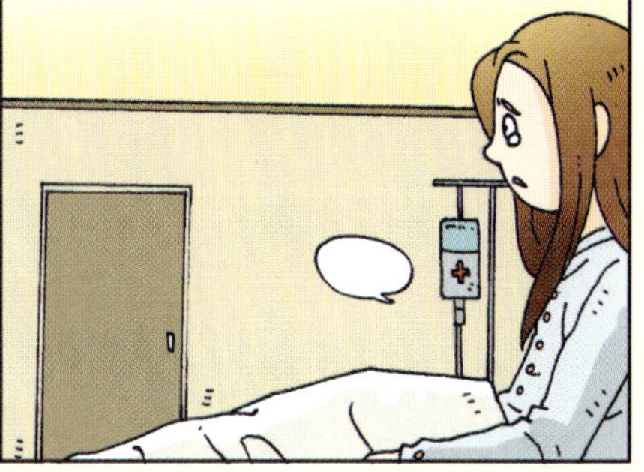

병원에 있는 동안 내내 외로웠어요.
일본에는 친척이나 친구도 없었고,
같이 온 스태프들은 취소된 스케줄 때문에
사과하러 다니느라 바빴거든요.

그때 생각했어요.
스스로 실력을 키우지 않으면
여기서 무너질 수 있다고,
내가 할 수 있는 것들을
확실히 보여주자고,
엄마….

SHOW
뚝
꺾기춤!
뚝, 뚝
그 후 극적으로 신인 데뷔 무대에
출연하게 되었는데, 마지막이라는
생각으로 임했습니다.

그 무대는 대성공이었어요.
'춤을 추고, 라이브를 소화하는'
여가수의 등장에 모두 놀랐다고
하더라구요.
저렇게 춤추면서
고운 목소리를 낼 수
있다니!
열심히
하는 모습이
맘에 들어.

내가 무대 위에서
열정적인 공연을 할 수
있었던 이유는 멋진 가수가
되겠다는 나 자신과의
약속 때문이었어요!
나는 누군가에 의해서
'만들어진 가수'가
아니랍니다.
자신은 스스로가
만들어 가는 거예요!

리더가 되려면 일단 많은 것을 알아야 하지요.
리더 한 사람이 모든 것을 알 수는 없지만,
필요한 만큼은 확실히 알고 있어야 합니다.
등반대장이 산을 모른다면 대원들을 제대로 끌고 갈 수 없어요.
리더의 자신감과 통찰력은 지식에서 나오는 것이랍니다.

엄홍길 : 산악탐험가

1988년 에베레스트 등정을 시작으로 20년 동안 수많은 도전과 실패 끝에
세계 최초로 8,000미터급 봉우리 16개를 모두 오른 산악인입니다.
등반 도중 사망한 대원의 시신을 수습하기 위해 휴먼 원정대를 이끌고
다시 에베레스트를 올라 전 세계인의 찬사를 받았습니다.

나를 위한 가치 있는 결단

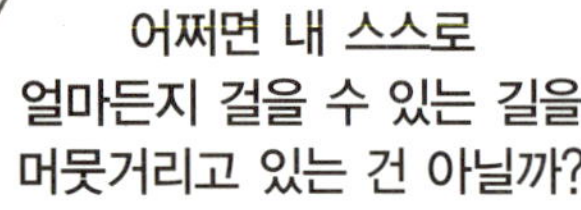

어쩌면 내 스스로 얼마든지 걸을 수 있는 길을 머뭇거리고 있는 건 아닐까?
가슴을 활짝 펴고 달려갈 수 있는데 웅크리고 있는 건 아닐까?
활짝 웃을 수 있는데 얼굴을 찡그리고 있는 건 아닌지…. 이제 나도 나의 미래를 생각해 볼 나이가 됐어!
어떻게 그런 생각을 하게 됐니?

어제 옆집 아주머니를 만났어요.
호호. 키가 크는 걸 보니 농구 선수를 해도 되겠구나!

농구 선수!
무게
무게

농구 선수가 된 모습을 상상해 봤더니 신기하게도 그때부터 농구 선수가 되고 싶은 거예요. 게다가 오늘 친구들하고 농구를 했는데 제가 두 골이나 넣었어요! 아빠, 전 농구 선수가 될래요!

하하, 농구 선수 멋지지. 하지만 너보다 농구를 더 잘하는 친구도 많을 텐데, 무작정 선수가 되는 것보다 어떤 선수가 되느냐를 생각해 보는 일이 더 중요하지 않을까?

아빠에게는 자동차를 만들고 싶어 하는 친구가 있었단다.
나는 나중에 최고의 자동차를 만드는 사람이 될 거야!
와, 그거 멋진데!

친구는 대학에 진학하면서 자동차에 대해 배우게 되었지.

그런데 졸업할 무렵, 고민에 빠지고 말았단다.
자동차 판금

졸업이 다가오니 모두가 취업에만 관심을 가지는구나….

안정된 회사로 가서 자동차를 만들고 싶다는 욕심 때문에….
최우수 기업 우리자동차 ×× 취업원

학생들 사이에 경쟁이 시작되었던 거지. 그런데 이 친구는 좋은 차를 만드는 데에 경쟁보다 협력이 필요하다고 생각했거든.
와! 그래서요?

세상에 첫발을 내딛는 것은 정말 어려운 일이었어. 다른 사람과 똑같은 생각을 한다면, 나 역시 큰 회사에 취업하는 것만을 목표로 삼게 될 테고….

만일 다른 누군가가 나보다 좋은 직장을 갖게 된다면, 분명히 나는 그런 삶을 부러워하며 살게 될 거야.

이런 생각을 가지고 최고의 차를 만들겠다는 내 꿈을 이룰 수 있을까?

벌떡
결심 했어!

가장 밑바닥에서부터 시작하더라도 불평하지 않고 내가 진정으로 원하는 것을 이룰 때까지 노력하는 거야!
회사에서 시키는 것만 하지 않고, 스스로 최고의 실력을 쌓아 내 꿈을 반드시 이뤄 낼 거야!

그 후 친구는 당장의 취업만을 위한 공부는 그만두었단다.
그리고요?

자동차에 관한 공부를 처음부터 다시 시작하기 위해 열심히 준비해 프랑스로 갔단다.

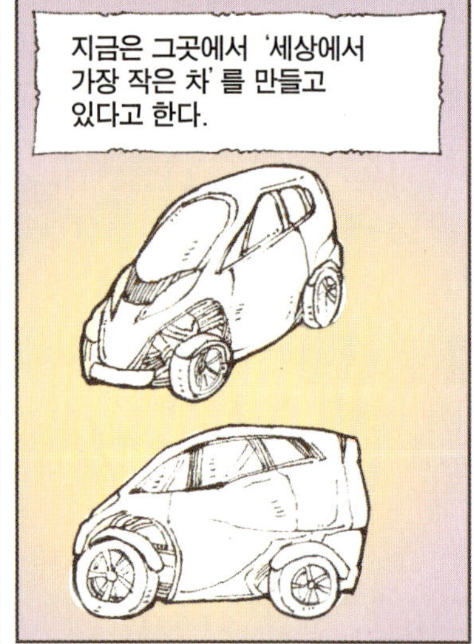

지금은 그곳에서 '세상에서 가장 작은 차'를 만들고 있다고 한다.

그게 벌써 2년 전 소식이니, 친구가 만든 차가 세상에 이미 나왔을지도 모르겠구나.
우와, 멋지다! 나도 타고 싶어요!

어때? 무작정 농구 선수가 되는 것보다 어떤 농구 선수가 될 것인지 먼저 생각해 보아야 하겠지?

아, 저 그냥 농구 선수 안 할래요.

자동차 만드는 게 훨씬 멋있어요. 나도 프랑스에 가야지!
봉주르~ 마드무아젤~.

에구구..
미리 프랑스어 공부나 해야겠어요.

헤헤~ 내가 정말로 되고 싶은 것 중에 하나는 '아빠' 처럼 훌륭하고 멋진 사람이 되는 거예요.

자신만의 꿈이 있다면,
이제부터 무슨 일을 시작해야 하는지,
무슨 일에 더 집중하고 노력해야 하는지,
스스로 판단해야 합니다.
현명한 판단이 여러분의 노력을 헛되지 않게 합니다.

03

네 마음을 읽고 판단하라

아들아, 요즘 너는 어떤 일에 몰두하고 있니?

네가 언제나 너의 꿈을 위해 열심히 노력한다는 걸 아빠는 알고 있단다. 무슨 일이든지 열심히 노력하는 자세는 중요하단다. 하지만 열네 살이 되어서는, 지금 네가 하는 행동이 어떤 목적을 가지고 있는지 알고 임해야 한다. 어떤 일을 시작하기에 앞서, '그것이 무엇을 위해 하는 일'인지 신중히 생각해 보아야 하는 것이다. 그렇지 않으면 열심히 노력한 것이 헛된 수고로 끝나 버릴 수도 있기 때문이다.

지금 우리가 살아가는 세상에는 선택할 수 있는 것들이 무궁무진하게 많단다. 선택의 폭이 넓으면 네가 원하는 꿈을 마음껏 펼칠 수 있는 기회가 되기도 하지만, 자칫 잘못하면 무엇을 해야 할지 몰라 갈팡질팡하다가 허송세월을 보낼 수도 있단다. 따라서 소중한 시간을 잃어버리지 않기 위해서는 목표를 세우고, 행동하기 전에 과정을 하나하나 꼼꼼히 살펴보고 판단하는 것이 중요하다.

그렇다면 미래를 위한 올바른 선택과 판단은 어떻게 하는 것일까?

먼저 너만의 꿈과 목표를 찾아야 한다. 자신이 진정으로 원하는 것을 아는 사람은 무엇에 집중하고 노력해야 하는지 판단할 수 있다. 반면에 자신의 꿈과 목표가 분명치 않은 사람은 자신이 무엇을 선택하고 어떤 일에 집중해야 하는지 모르게 되는 것이다.

한번은 알베르트 아인슈타인(1879~1955, '상대성 이론'을 발표한 미국의 물리학자)이 독일 베를린에 갔을 때다. 그는 유명한 심리학자 슈툼프(1848~1936, 베를린대학 교수를 지낸 독일의 철학자이자 심리학자) 교수와 만나 이야기를 나누고 싶은 마음에 그의 집으로 달려갔단다. 그러나 무작정 방문한 것이었기 때문에 당장 그를 만날 수 없었다. 슈툼프 교수가 다른 용무를 마칠 때까지 기다리다 저녁이 되어서야 만날 수 있었는데, 슈툼프 교수가 "안녕하세요?" 하며 인사를 건네기도 전에 아인슈타인은 궁금했던 문제들을 한꺼번에 쏟아 붓듯 물었다고 한다. 그때 슈툼프 교수도 '과연 아인슈타인이다' 하고 내심 감탄을 했다고 한다. 아인슈타인은 궁금증을 해결하고자 하는 목표가 분명하였기 때문에, 그것을 성취하기 위해 몰두할 수 있었

던 것이다.

자, 그럼 지금부터 네가 진정 원하는 게 무엇인지 마음속을 들여다보아라. 그리고 행동으로 옮기기 전, '내가 이 일로 무엇을 얻으려고 하는 걸까?' 하고 네 자신에게 질문을 던져 보아라. 정확한 판단이 선 후에 실천해도 결코 늦지 않는단다.

이제 너의 미래를 위해 스스로 판단을 내릴 때다. 네 마음을 읽고 현명한 판단을 내린다면, 지금까지와는 다른 '몰두의 즐거움' 을 경험하게 될 것이다. 그리고 지금 네가 하고 있는 일이 헛되지 않고 든든한 밑거름이 되어 너의 소중한 꿈을 이루는 날이 올 것이다.

올바른 판단을 위해 필요한 연습

1. 정리하는 것부터 시작한다.

정리를 하다보면 필요한 물건의 우선순위를 정하게 된다. 정리가 습관화되면 생각도, 생활도 내게 필요한 것부터 순서를 매길 수 있다.

2. 화를 내거나 슬퍼하기 전에 한 번 더 생각해 본다.

왜 화가 나고, 왜 슬퍼지는 걸까? 감정을 표현하기 전에 내게 어떤 영향을 끼칠지 차근차근 생각해 본다. 지금 당장 화나는 일이라도, 시간이 지나면 감정을 소모할 만큼 중요한 일이 아니라는 것을 알 수 있다.

처음 생각대로 끝까지!

"모든 과정 자체에 대한 절대적 긍정, 그것이 내 지론이다.
어떤 일이라도 노력을 다한 후에 진화가 이루어지는 것이다."

찰스 다윈 (1809년~1882년) 영국의 생물학자

의대에 다니는 동안에도 다윈은 아버지 몰래 조개껍질, 암석, 곤충 등을 수집하는 것을 즐겼어요.

그러던 어느 날,
아버지, 저는 의사가 싫어요. 이제는 꿈을 이루고 싶어요.

와아! 드디어 꿈을 찾아 떠난다!
결국 다윈은 자연을 자신의 학문으로 선택했지요. 그리고 '비글호'라는 배를 타고 4년 9개월간 남미, 태평양 등지를 항해하며 자연에 대한 연구를 했어요.

내가 늙을 때까지 계속 걸어온 길은 열네 살부터 시작한 '수집'이었고, 나는 거기서 벗어난 적이 한 번도 없어.

어렸을 때 좋아하던 건데, 나중에는 시시하지 않으셨어요?
아니!

전혀!
내가 어렸을 때 생각했거나 읽었던 모든 게 어른이 되어 직접 본 것과 모두 연관이 있어서 과학적으로 정리하는 게 재미있기만 했어.
자신이 진정으로 원하는 것을 안다면, 어떤 것에 집중하고 노력해야 할지 나이에 상관없이 판단할 수 있단다.

04
현명한 판단은
생각에서 나온다

오늘은 현명한 판단에 대해 말하고 싶구나.

네 나이 때는 현명한 판단을 내리기 어려운 법이다. 아빠도 어릴 적엔 책을 읽고 나서 나의 생각으로 정리하는 것이 어려웠고, 주변 사람들의 말에 대해 옳고 그름을 판단하지 못하는 경우도 있었다. 뿐만 아니라 내 주변의 것들에 대한 편견을 가지고 있었단다.

편견이란, 어떤 사물이나 현상에 대해 한쪽으로 치우친 판단이나 의견을 말한다. 부모님의 말씀이나 책에서 읽은 것, 친구의 의견 등이 뒤죽박죽 섞여 만들어진 생각을 스스로 쉽게 진리라고 믿어 버리는 것이지. 편견을 가지면, 나와 다른 생각을 가진 사람들에 대해 나쁜 감정을 가지고 적대적으로 대하게 된다. 넓고 다양한 세계를 보지 못하고 옹졸한 생각에만 갇혀 편협하게 살아 가는 것이다.

　아들아, 대부분의 사람들은 시간이 한참 흐른 뒤에야 지난 일을 돌이켜 보곤 당시에 현명하게 판단하지 못한 것을 후회한단다. 지금부터 현명하게 판단하는 법을 익혀 보아라. 그렇다면 판단하는 힘은 어떻게 키워 나갈 수 있을까?

　아빠는 아주 작은 일부터 시작했단다. '스스로 생각하는 습관'을 가지려고 노력했지. 얼핏 보면 시시하고 단순하게 느껴질 수 있지만, 생각하는 습관이야말로 판단의 힘을 키우는 가장 중요한 방법이다. 어떤 문제에 대해 사람들이 생각하는 바를 한 번쯤 뒤집어 생각해 보고 다른 가능성을 짚으면서 나만의 판단을 해나갔다. 얼마 지나지 않아 세상을 보는 눈이 차츰 길러지기 시작했고, 그러다 보니 곰곰이 생각하는 습관을 더욱 즐겁게 실천할 수 있었다. 점차 아빠는 편견에서 벗어나 사물을 합리적이고 객관적으로 보는 안목이 생기게 됐단다. 그리고 이전과 달리 나를 둘러싼 사물들이 새롭게 보이기 시작하면서 더 적극적인 생활을 할 수 있게 되었지.

　'대충', '아무렇게나' 생각하고 넘어가려는 태도로는 현명한 판단을 내릴 수 없다. 귀찮더라도 한 번 더 생각하고 실행하려는 습관을 가져라. 매사에 스스로 생각하는 습관을 기르고 편견에 빠지지 않도록 주의하는 것이 지성인에게 필요한 자세임을 명심하여라.

　독일의 철학자 카를 야스퍼스(1883~1969, 현대 문명에 의해 잃어버린 인간 본래의 모습을 지향한 실존주의 철학자)는 "과거가 현재의 인간에게 어떤 행동을 해야 하는지 가르칠 수 없다. 사람은 오히려 자신

의 과거 속에서 눈을 떠 스스로 결정을 내려야 한다"고 말했다.

자신의 생각이 편견이지 아닌지 잘 모르겠다면, 여러 사람의 의견을 듣고 한 데 모아 자신만의 생각을 정리해 보는 것도 좋을 것이다. '좀 더 일찍 생각하는 힘을 기를 걸!' 하고 후회하지 않도록 지금 빨리 시작해 보렴.

생각하는 습관이 몸에 배면, 책을 읽을 때나 다른 사람들과 대화를 할 때도 조금 더 면밀하게 다른 사람들의 생각을 분석할 수 있다. 그리고 주위를 주의 깊게 관찰하는 습성도 가질 수 있다. 인터넷이나 책 등에서 수동적으로 얻은 정보를 과신하지 말고 어디까지나 판단의 보조물로 삼고, 자신만의 생각을 정리하는 데 힘을 쏟아야 한다.

생각을 키우는 습관

1. 나의 생각들을 하나하나 정리해 본다.
   정말 내가 그렇게 생각하는 것일까? 남에게 배운 대로 생각하는
   것일까? 이미 편견이나 독단에 빠져 있는 것은 아닐까? 세 가지
   를 생각해 본다면, 스스로 충분히 훌륭한 판단을 내릴 수 있다.

2. 누가 생각해도 분명히 잘못된 일이라면 스스로의 동기가 아무리
   옳다고 해도 다시 한 번 생각해 보아야 한다.

여왕 폐하, 억울하옵니다!

"나는 죽을 뻔한 고비도 여러 번 넘겼지. 그때마다 나를 살렸던 것은 다른 사람에게 설명할 수 있는 능력, 정리된 나의 생각들이었어."

월터 롤리 (1554년~1618년) 영국의 탐험가

주방장,
이것이
무슨 채소요?

글쎄요.
잎이 부드러우니
샐러드로 만들어
볼까요?

엘리자베스 여왕은 개척지에서
들여온 채소라 하여 기대를 하다가
맛을 보고는 깜짝 놀랐지.

아니,
이것은 독초가
아니더냐!

특별한 배려를 해
주었더니 되레 나를
독살하려고 해?

롤리를 당장
체포해서
사형에 처하라!

감자의 싹에는 독성 물질인
'솔라닌'이 들어 있어요.
게다가 성경에도 나오지 않
는다는 이유로 유럽의 귀족
들은 감자를 금지시켰지만,
지금은 영국에서 가장 사랑
받는 작물이 되었지요.

여왕에게 이국의 진기한 식물을 바치고자 했던
롤리의 의도는 빗나가 버렸고, 오히려 자신의
목숨이 위태롭게 되었네요.

롤리를 잡아라!

네 죄를 네가 알렸다.
죄상을 말해 보거라!

여왕 폐하,
감자는 잎을
먹는 것이
아니오라,

동글동글한
알을 삶아서
먹는
것이옵니다!
억울합니다!

그때 차분히 생각하고 감자에 대해
설명하지 못했다면 이 풍운아 롤리는
살아남지 못했을 거야.
여왕이 당연히 열매를 먹을 거라고
생각했던 건 자의적 판단일 뿐
이라는 것을 깨닫게 한 사건이었지.

쿡쿡..

마거릿 대처 : 전 영국의 총리

국가의 지도자로서 어떤 사람도 감히 따르지 못할 정도의 강한 신념과
의지를 가졌으며 우아한 설득력까지 갖추고 현실적이며 합리적인 사고방식으로
영국의 정치 개혁을 이루어 냈어요.

너와 내가 함께 일어선다

하아~
게임기 갖고 싶다.
이번 시험에 성적이 오르면
엄마가 게임기
사 준다고 했는데.
슬슬 시험공부를
시작해 볼까나.
오빠는
게임기 때문에
공부를 해?

으이그~
그러니까 책이고
필통이고 제대로
된 게 없잖아!

정말 공부를 잘하고
싶다면 말로만
큰소리 칠 게 아니라
언제든지 공부할 수
있도록 준비해 놔야
하는 거 아니야?

아버지가
이런 말씀을 하셨어.

'입지전적 인물' 이라는
말의 뜻을 아니?
아, 어디서 많이
들어본 말인데?

성공한 사람이라는 뜻
아니에요? 대통령이나
기업의 회장이
TV에 나오면
'입지전적 인물' 이라는
표현을 하던데?

아이스크림 드세요.
고마워요, 여보.
틀린 말은 아니야. 어려운 환경을 이겨 내고 노력하여 목적을 달성한 사람에게 붙이는 말이니까.

너도 이제 청소년이 되었으니 가슴에 담아 둔 꿈과 목표를 어떻게 계획하고 실천해야 하는지 가르쳐 줄게.
네!

아르키메데스는 충분히 긴 지렛대만 있으면 지구를 들 수 있다고 말했지만,
히히!
네가 지금 '지구를 들겠다'는 목표를 가진다면, 손으로 땅을 짚고 거꾸로 서서라도 목표한 것을 이루겠다는 의지가 있어야 한다.

바라는 것을 모두 꿈이라고 할 수는 없단다. 꿈이란, 네가 잘할 수 있고 끊임없이 노력할 수 있는 것에 붙일 수 있는 이름이지.

저 있잖아요, 사실 제 꿈은…
꿈이라기보단, 전 남들에게 사랑받고 즐겁게 사는 사람이 되고 싶어요, 아빠.

빙긋..

어휴 예쁜 것! 그런 생각을 가지고 있었구나!
와락
꺅!

무엇보다 자신이 정말로 원하는 것, 자석처럼 마음을 끌어당기는 것을 목표로 삼는 것이 좋다. 어디 한번 볼까?

으흠, 책상을 보니 요즘 책을 많이 읽고 있는 모양이지?

어때? 글 쓰는 것이 재미있니? 작가가 되는 것은 보통의 목표와 좀 다른 것인데….
잘 모르겠어요. 학교에서 한 번 상을 탄 적은 있어요.

네 꿈이 사랑받고 즐겁게 사는 것이라면, 글을 써서 사람들에게 희망과 즐거움을 주는 것도 좋은 일이 되겠구나.
아, 어려워요!

세상에 쉬운 일은 없단다. 글 쓰는 일이 아니라도 무엇이든지 네 스스로 즐겁게 할 수 있는지를 먼저 생각해 보렴.

따르르릉!

어휴~ 앉아서 공부만 하는 건 너무 지루해!
체육시간이 제일 좋다고, 나는!

뭔데 그래?
평균대에서 모두 떨어졌는데, 저 녀석만 계속 버티고 있어!
저런 재주가 있는 줄 몰랐는데? 삼겹살, 제법이야!

야, 몇 분째냐? 기네스 기록에 올려야겠다!

와, 저것 봐! 진짜 대단한데!

……

아까 어떻게 한 거야? 너 체육은 영 못하는 녀석이잖아.
아 그거? 나도 평균대는 처음 해본 거야.

헉..
헉..
근데 발밑이 안 보이니까 불안해서 균형 잡는 데만 집중하게 되더라구. 그러다 보니 얼떨결에 버틴 것 같아.

꿈과 목표를 위해 조금 더 집중해 보는 게 어떨까?
누가 먼저 올라가느냐가 중요한 게 아니야.
네가 원하는 위치에 올라 서서 오랫동안 그 자리를 유지하기 위해서는
집중과 함께 균형감각이 필요하단다.

05

열린 마음으로
세상을 바라보아라

아빠에겐 어릴 때부터 만나 온 오랜 친구들이 있다.

그들은 각자 자신의 분야에서 최선을 다해 일하며, 많은 시행착오 끝에 얻은 값진 경험들을 내게 말해 준단다. 내 인생의 비타민 같은 소중한 친구들이자, 귀중한 재산이기도 하지. 나는 친구들의 이야기를 통해 내가 접하지 못했던 세계를 경험하고, 더 나아가 열린 마음으로 세상을 바라보는 넓은 시각을 가질 수 있었단다.

아들아, 세상을 열린 마음으로 바라보아야 한다.

이것은 네가 앞으로 살아가면서 실패를 줄일 수 있는 중요한 방법이다. 아무리 많은 지식과 재산을 가진 사람이라도, 마음이 닫혀 있다면 세상의 다양한 면을 받아들이지 못할 뿐만 아니라 다른 사람들과도 어울릴 수 없다. 또한 책에 쓰인 사실만 곧이곧대로 믿어 버리는 '먹물 지식형' 인간은 현실성이 결여되거나 자기 주장만을 내세우게 되는 것이다.

얼마 전에 회사 업무 관계로 사람을 만난 적이 있다. 그 사람은 예의는커녕 말도 통하지 않는 이른바 '먹물'이었지. 그는 말끝마다 자기 주장만을 내세우며 내가 조금이라도 다른 의견을 이야기하면 눈을 부릅뜨고 화를 냈다. 그의 설명이 아주 틀린 것은 아니었지만 유감스럽게도 그의 말에는 현실성이 결여되어 있었다. 넘치는 열정을 남들 앞에서 조절하지 못했지. 그는 책을 통해 해박한 지식과 정보를 가지고 있었지만, 자신의 입장만 생각한 나머지 다른 사람들의 의견을 받아들이거나 이해하려 하지 않았다. 나와 다른 사람과의 균형을 전혀 생각하지 못하는 사람이었단다.

자신의 목표가 확고히 정해졌다고 해서 다른 사람의 다양한 생각들을 무시하거나 모른 척해서는 안 된다. 세상을 열린 마음으로 바라보고, 다양한 분야의 다양한 사람들의 지식과 지혜를 고루 받아들일 줄 알아야 한다. 마음을 닫고 자신의 문제에만 골몰하다 보면 자칫 균형을 잃기 쉽다. 뉴턴이 프리즘을 통해

빛을 보았을 때처럼 이 세상은 다채로운 빛깔을 가지고 있을 뿐이지 일곱 가지 색으로 명확히 나누어져 있지 않단다. 다시 말해, 네가 알지 못하고 보지 못하는 것들이 세상에는 얼마든지 존재한다는 것을 알고 세상을 보는 시야를 넓혀야 하는 것이다.

꿈과 목표를 위해 자신만의 규칙을 실천해 나가되, 타인을 받아들이고 이해하는 자세, 즉 균형 감각을 익혀야 한다. 그리고 다른 사람들과 즐겁게 어울릴 수 있는 사람이 되어야 한다. 분명 네 꿈과 목표를 향해 나아가는 데 큰 밑거름이 될 것이다.

아들아, 많은 지식과 재산을 가진 사람이 아니더라도 남을 배려하고 이해하는 능력이 탁월하여 회사나 조직의 리더로 자리 잡은 사람들을 보았을 것이다. 자신의 눈으로 관찰하고 체험하여 세상일을 배워 나가는 것도 중요하지만, 이렇게 남의 생각을 받아들여 독창적인 지식과 경험으로 활용하는 것도 값진 재산이 된다. 그러한 '산 지식'은 단순히 책을 통해 얻은 것과는 달리 세상을 살아가는 데 훨씬 유용하게 쓰일 수 있단다.

열정의 뿌리

독일어 '라이덴샤프트Leidenschaft(열정, 격정)'라는 말은 '라이덴leiden(참다, 견디다)'에서 나왔는데, 전에는 '걷다', '가다', '여행하다'의 의미가 있었단다. 어딘가를 가는 사람이 겪은 경험들로 인해 '라이덴'이라는 말은 점점 더 많은 의미를 갖게 된 것이다. 이렇게 열정이라는 말은 경험과 관계가 있다.

따라서 열정을 가진 사람은 풍부한 경험을 통해 새로운 것과 미지의 것을 체득하게 되는 것이다.

원칙과 소신으로 마음의 균형을 가져라

"성격이 급하다고요? 그것은 장애가 되지 않아요.
불같은 성격의 조훈현 기사가 바둑판에서 보여 주는 조용한 균형을 배워 보세요."

조훈현 (1953년 생) 한국의 바둑기사

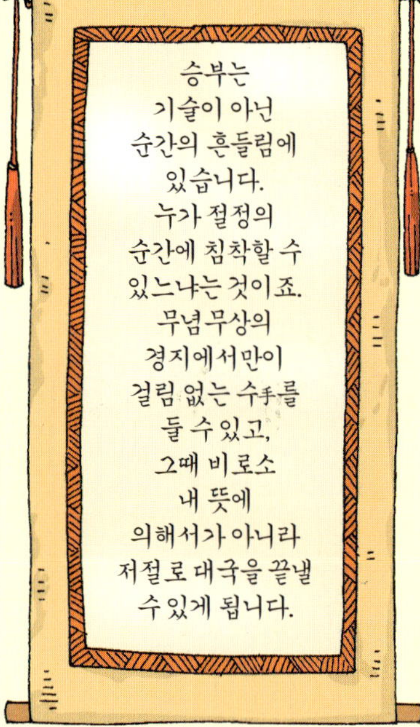

승패에 대한 집착을 버릴 때 좋은 결과가 나타난다고나 할까요.
탁!
승패에 집착하는 아마추어들이 패배하는 모습을 숱하게 보았을 것이다.

이번에 또 졌어. 꼭 이기고 싶었는데.
왜 그럴까?
無心

세상에 진정한 승리와 패배는 없어요. 하지만 살아가면서 바둑과 같이 승과 패가 나누어지는 경우를 많이 겪게 될 것입니다. 그럴 때 이렇게 생각해 보세요.

이건 타인과의 승부가 아니라 나 자신과의 싸움일 뿐이다.

주변 환경에 흔들리지 않고 원칙과 소신으로 임하면, 자신만의 기준으로 승자와 패자를 나누는 마음의 균형을 찾게 됩니다.
합격자 발표

그래서 내가 가야 할 바둑의 길도 아직 까마득하게 멀었다고 생각해요. 깊고 오묘한 바둑의 세계에 확실히 눈 뜰 때까지 더욱 정진할 뿐입니다. 그래야 더 높은 경지에 이르고 바둑사에 오래 남는 사람이 되는 것이지요.
이것 또한 타인의 시선에 흔들리지 않기 위한 나만의 '균형을 맞추는 방법' 인 거예요.

06
남을 배려하며 대화하는 지혜

오늘은 대화를 나눌 때 주의해야 할 것에 대해 말해 주겠다. 대화를 나눌 때 자신이 말하는 것만큼 상대방의 이야기를 잘 듣는 것도 중요하단다. 상대방의 말을 잘 들을 수 있어야 자신도 말을 잘 할 수 있기 때문이다. 또한 자신이 말을 할 때 상대의 표정과 반응을 잘 읽는 것도 대화를 나눌 때 꼭 필요한 부분이다. 그래야 자신의 이야기가 상대방에게 잘 전달되고 있는지 파악할 수 있고, 대화를 더욱 자연스럽고 원활하게 이어 갈 수 있다.

또한 대화를 나눌 때 상대방의 말에 너무 민감한 반응을 보이는 것은 좋지 않다. 상대방이 첫마디를 꺼낼 때, 그 이야기가 비록 아는 내용이라고 하더라도 모르는 듯 들어주는 것이 때론 지혜로운 행동이 될 수 있다. 자칫하면 상대방의 기분을 상하게 할 수 있으니 말이다.

간혹 자신도 모르게 남의 험담을 늘어놓는 경우가 있는데, 듣는 쪽이 나쁘게 받아들일 수 있다는 것을 알아야 한다. 사람의 마음속에는 남보다 우위에 서고 싶어 하는 허영심이 있다. 때문에 말해서는 안 될 것이라도 상대가 모르는 것을 알고 있다는 사실을 과시하고 싶은 욕심 때문에 엉겁결에 이야기해 버리고 마는 것이다. 또한 중요하고 비밀스러운 이야기를 해줄 정도로 신뢰하고 있다는 사실을 알리고 싶어 이야기하기도 한다.

급하게 내뱉은 사소한 말로 다른 사람의 마음에 상처를 줄 수 있다. 상대방의 말에 대해 긍정과 중립의 입장을 지혜롭게 보일 줄 안다면 어떤 사람들과 대화를 한다고 해도 적을 만들지 않을 것이다. 타인의 말을 잘 받아들이고 이해할 줄 아는 것, 이 또한 네가 남들과 함께하며 가져야 할 균형 감각이다.

대화를 할 때는 항상 상대의 눈을 보는 것도 잊지 말아야 한다. 그렇지 않으면 진실하지 못한 인상을 주고, 마음속으로 다른 생각을 하고 있다는 오해를 받게 된다. 또한 상대를 무시하는 것으로 보여 큰 실례가 될 수 있다.

이야기를 하면서 천장을 쳐다보거나 창밖을 내다보거나 물건을 만지작거리는 것도 상대방을 무시하는 것처럼 보일 수 있다. 상대의 말에 집중하지 않고 그렇게 행동하는 것은 지금 말하고 있는 사람이 자신에게 중요하지 않다고 표현하는

것이나 마찬가지다. 이때 상대가 자존심이 강한 사람이라면 화를 내거나 얼굴을 찌푸릴 것이다.

상대방을 똑바로 쳐다보지 않고 이야기하는 것은 단지 자신의 인상을 나쁘게 하는 것으로 끝나지 않는다. 자신의 말이 상대방에게 어떻게 받아들여지고 있는지 관찰할 기회를 스스로 포기하는 셈이다. 실수로 상대가 지루해하거나 불편해하는 이야기를 꺼냈으면 즉각 멈추고 다른 이야기로 넘어가는 것이 좋은데, 상대를 보지 않으면 그러한 표정을 읽어낼 수가 없다.

상대방의 마음속을 읽으려면 듣는 것보다 보는 것이 오히려 나을 때가 많다. 상대방의 말은 귀뿐만 아니라 눈으로도 들을 수 있다는 것을 알아야 한다. 말은 돌려 할 수 있지만 표정은 좀처럼 감추기 어렵기 때문이다.

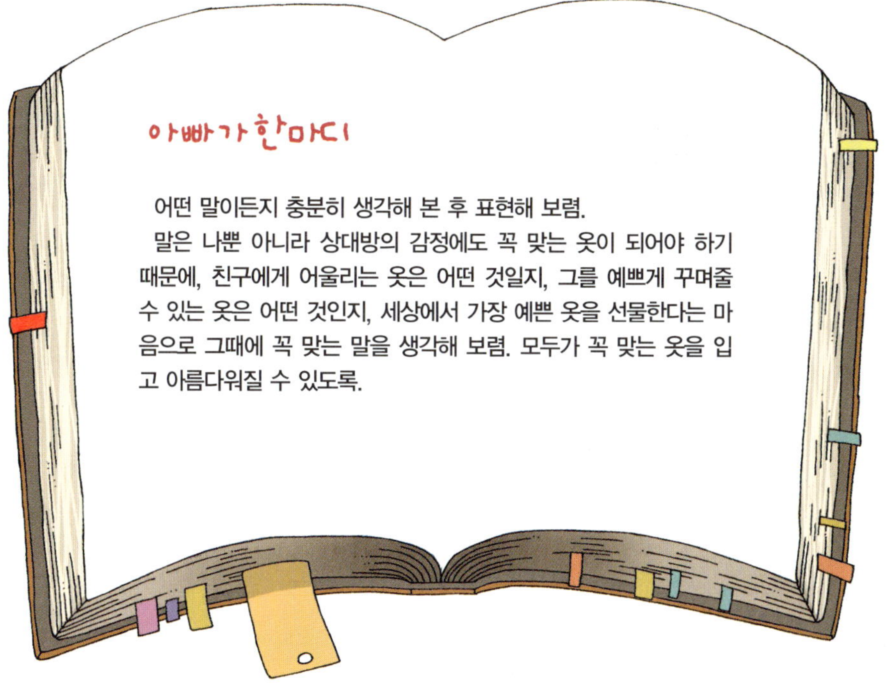

아빠가한마디

어떤 말이든지 충분히 생각해 본 후 표현해 보렴.
말은 나뿐 아니라 상대방의 감정에도 꼭 맞는 옷이 되어야 하기 때문에, 친구에게 어울리는 옷은 어떤 것일지, 그를 예쁘게 꾸며줄 수 있는 옷은 어떤 것인지, 세상에서 가장 예쁜 옷을 선물한다는 마음으로 그때에 꼭 맞는 말을 생각해 보렴. 모두가 꼭 맞는 옷을 입고 아름다워질 수 있도록.

다른 것들과의 아름다운 조화

빠르게 변해 가는 시대에도 건축가 김수근은 '건축은 벽돌로 짓는 시'라는
자신의 생각을 고집했어요.

김수근 (1931년~1986년) 건축가

길은 어떤 장소로 이동하기 위해서만 있는 것이 아니에요.

우리가 길 위에서 어떤 즐거움을 느끼고 어떤 발견을 하였는지가 중요합니다.

시골길과 도시의 길이 전혀 다른 모습이듯, 길은 그 자체로 사람들이 살아가는 소소한 모습들을 담고 있지요.

길은 어느 곳에서든지 그 안에서 살아가는 사람들에게 숨을 쉬게 하는 공기처럼 중요해요.
나는 어린 시절에 가회동과 낙원동, 인사동 꼬불꼬불한 길 위의 골목대장이었죠. 그 길들은 내 몸의 크기에 꼭 맞는 옷과도 같았어요.

그렇기 때문에 도시도 건축도 가장 중요한 한 가지 목표를 바라보고 있어야 한다고 생각해요. 바로 인간이지요.

건축물은 인간과 환경의 아름다운 조화입니다. 어느 한 부분에 치우치면 좋은 결과를 낳기 어려운 법이지요. 반드시 균형 감각이 필요합니다.
말을 할 때도 마찬가지 아닐까요? 대화는 두 사람 사이에 집을 짓는 것과 같아요. 다른 사람들을 배려하고 한 번 더 생각하고 대화를 시작해 보세요.

"나는 훌륭한 예절을 '타인의 감정을 고려해
표현하는 기술'이라고 부른다."

아서 밀러 : 미국의 극작가

미국에서 가장 위대한 극작가로 손꼽히는 아서 밀러는
《세일즈맨의 죽음》과 《시련》 등 유명한 희곡을 남겼습니다.
미국의 대공황을 겪은 세대로 어린 시절 겪은 경제적인 고난을 바탕으로
미국 사회를 이루고 있는 자본주의에 대한 끝없는 고찰과 비판,
신랄한 풍자로 사랑받은 미국의 대표적 지식인입니다.

다른 이와 함께하며 이루는 꿈

★ 태도

성공, 성공….
성공이란 뭘까?
이 책을 읽고 똑같이 하면
성공할 수 있다는데,
그렇다면
이 책을 읽은 사람들은
모두 성공했을까?

이 녀석,
아빠 서재에 있었구나.
헤헤,
어떤 게 있는지
구경하다 그만….

음, 나폴리언 힐의
《성공의 법칙》이군.
그래, 이 책을 읽느라
시간 가는 줄도 모르고
재미있었나보구나.

실은, 무슨 말인지
도통 모르겠어요.
그래, 네 나이에는
아직 와 닿지
않는 이야기들이지.

게다가 서양인이
쓴 책이라
네가 공감하고
이해하긴 쉽지
않겠지만,
생활하는 데
꼭 필요한
얘기들이란다.

제 나이에 읽어야 하는 책은
고전뿐인가요?
저도 이런 책 읽고 싶어요.
고전도 좋지만 새로운 책도 궁금해요.

으흠…
하긴 독서에 편식이란 있을 수 없으니 이런 책도 언젠간 읽게 되겠지….
하지만 애야, 이런 사회의 성공에 관한 책을 읽으려면 먼저 알아 두어야 할 것이 있단다.

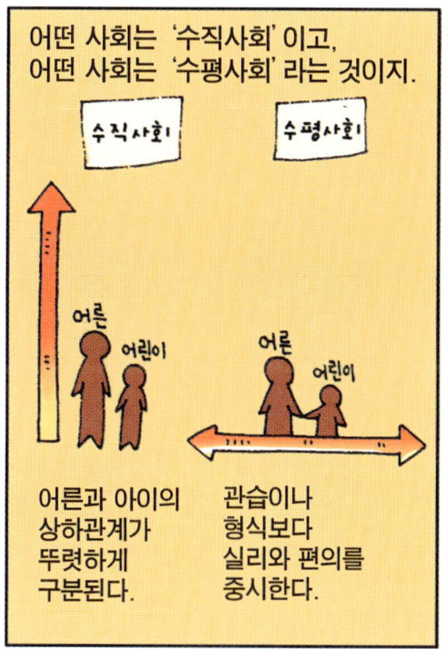
어떤 사회는 '수직사회' 이고, 어떤 사회는 '수평사회' 라는 것이지.
수직사회
수평사회
어른
어린이
어른
어린이
어른과 아이의 상하관계가 뚜렷하게 구분된다.
관습이나 형식보다 실리와 편의를 중시한다.

실력이 생길 때까지 선생님의 뒷바라지를 하면서 배우겠습니다.
우리나라에 개인의 성공에 관한 고전이 많지 않은 이유는 개인보다 단체를 중요시하는 사고방식 때문이다.

아빠는 젊은 시절 서양에 유학한 적이 있단다. 그때는 서양의 개인주의 문화를 선망하기도 했었지.
멋있다.
쳇! 교수님은 내 실력을 몰라! 날 알아주는 사람에게 가겠어!

1월 추천도서
성공하고 싶다. 성공하기 위해서는 어떻게 살아야 할까?
성공·처세에 관한 책
최근의 우리 사회도 수평적 문화에 익숙해져서 서양의 '성공론' 에 관심을 갖고 책을 읽고 있지.
어떻게 하면 남보다 뛰어날 수 있을까?
성공

성공하고 싶은 욕망은 인간이라면 누구나 가지고 있는 것이란다.
다만, 지금까지 우리 사회에서는 이러한 마음을 밖으로 표출하지 않도록 교육받아 왔지.

나는 젊은 시절, '무조건 재능을 맘껏 펼치는 것이 성공의 지름길이다' 라는 잘못된 생각을 가지고 있었다.
제 의견을 먼저 들어 주십시오!

음… 성공 자체도 어렵지만 그 과정이란 게 알면 알수록 복잡하네요.
개인주의를 잘못 이해한 탓이지.

그 당시 회사 집단에서는 사람들과 좋은 인간관계를 유지하는 것이 가장 중요한 일이었다.

도저히 같이 못 어울리겠군!
하지만 나는 내 개성을 잃어버리는 것 같아서 사람들과 어울리기 위해 나 자신을 바꾼다는 것은 상상할 수 없는 일이었지.

그때 친구에게 이런 말을 들었다.
일을 잘하는 것도 중요하지만 그 속에서 '인간미' 또한 느꼈으면 좋겠네!

회사를 그만두면서 생각해 보았지. 나의 태도에 무슨 문제가 있는 것인가? 그렇다면 우리 사회에서 성공할 수 있는 비결은 어디에 있는 것일까?
인생을 살아가는 지혜를 배우려면 어떻게 해야 하지? 그래, 고사성어를 통해 삶의 지혜를 들여다보는 것은 어떨까?

화이부동
和而不同

훌륭한 사람은 다른 사람들과 화합하며 사이좋게 어울리지만, 그렇다고 자기주장 없이 휩쓸리지 않는다는 뜻. 자신의 원칙을 지키되, 남과도 사이좋게 지낼 것을 강조한 말이다.

독불장군
獨不將軍

무슨 일이든 자기 생각대로 혼자 처리하는 사람, 다른 사람에게 따돌림을 받는 외로운 사람을 비유하는 뜻. 남들과 의논하고 협조하여야 함을 강조하는 말이다.

백지장도
맞들면 낫다

사소한 일이라도 여러 사람이 협력하면 더 좋은 결과를 얻을 수 있다는 뜻.

07
스스로 낮추는 자가 높아진다

아빠는 요즘 사람을 대하는 태도에 대해 많은 생각을 하게 되는구나. 너도 이번 기회에 사람을 만날 때 가져야 하는 태도에 대해 한 번쯤 생각해 보는 게 어떨까? 이것은 학교나 책에서 배울 수 있는 것이 아니기 때문에 스스로가 많은 노력을 기울여야 할 게다.

요즘 학교에서는 지식을 가르치는 것에만 너무 몰두하는 것 같다. 하지만 아빠의 학창 시절은 지금과는 많이 달랐단다. 선생님들로부터 공부 이외에도 많은 것을 배울 수 있었지. 살아가면서 우리가 지켜야 할 도리나 다른 친구들과 즐겁게 지내는 방법 등등. 아마 지금의 많은 선생님들도 그런 노력을 게을리 하지 않을 것이다. 다만, 입시와 취업이 갈수록 어려워지고 그 문이 좁아지다 보니 관문을 통과하기 위한 공부에만 점점 더 매달리게 되는 것이겠지.

학창 시절에 우리는 사회라는 거대한 미로에 발을 들여놓기에 앞서 대강의 청사진을 그려볼 수 있단다. 선생님의 가르침이나 책을 통해 세상을 간접적으로 경험하게 되지. 그때마다 너는 그동안 배운 이론들을 나름대로 실천하고 연습해 보는 것이 좋다. 친구들과 원만한 관계를 갖는 방법이나 사회 구성원으로서의 마음가짐 등을 스스로 깨달아야 한다. 특히 사회에 나아가 자신의 꿈을 이루기 위해서는 다른 사람과의 관계가 무엇보다 중요한데, 사람들로부터 인정받고 존경받는 사람이 되기 위한 자신만의 꾸준한 노력이 필요하단다. 지금까지 사람들을 대할 때 너의 태도는 어땠는지, 또 어떤 마음가짐이었는지, 지금 한번 되돌아보렴.

그렇다면 사람들로부터 존경을 받기 위해 지금 네 위치에서 할 수 있는 것은 무엇일까?

먼저 밝고 쾌활한 태도를 갖는 것이 사람들과 원활한 관계를 맺는 데 도움이 된다. 소극적이고 어두운 표정으로 사람을 대할 때보다 훨씬 좋은 결과를 얻을 수 있다. 네가 긍정적이고 밝은 모습일 때 상대방에게 호감을 주고, 사람들이 너의 말에 더 귀를 기울이며, 결국 너를 신뢰하고 따르게 되는 것이다. 명심할 것은, 그런 모습을 일부러 꾸민다고 해서 사람들이 너를 좋아할 거라 생각하지는 말아라. 내면에서 우러나오지 않고 겉모습만 꾸민 것은 사람들이 금방 알아차리는 법이란다. 오히려 너의 거짓된 행동에 사람들은 너를 멀리하려 할 것이다.

자, 눈을 감고 친구들에게 존중받는 너의 모습을 상상해 보렴.

　다른 사람들로부터 존경받는 사람은 절대로 거만하게 행동하지 않는단다. 자신을 낮추어 먼저 상대방을 존중하고 배려하는 사람에게 돌아오는 것이 '존경'이다. 어떤 사람이 나서서 자신의 장점만을 들먹이며 으스댄다면 어떻겠니? 보기에도 좋지 않을 뿐만 아니라, 절대로 존경심이 생겨나지 않을 것이다. 거만한 태도는 오히려 상대방의 분노를 살 뿐만 아니라, 비웃음과 멸시를 받게 된다. 영국의 작가 찰스 C. 콜튼(1780~1832, 영국의 작가이자 성직자)은 "거만한 사람은 타인과 거리를 두며 그곳에서 사람을 관찰하여 실제보다 작게 보려 하고, 자기 자신도 상대방에게 작은 크기로 비춰지는 사람들"이라고 했단다. 아빠는 네가 이 말을 가슴 깊이 새겼으면 한다.

프랑스를 이끄는 정신, 톨레랑스(tolerance, 관용)

자신의 이념과 신념이 귀중하면 타인의 것도 똑같이 귀중한 것으로, 자신의 생각이 존중받기를 바란다면 타인의 견해 역시 존중해야 한다는 관용 정신을 뜻한다.

권위로 명령하는 것이 아니라 상대를 설득하기 위해 노력하고, 정치적, 종교적 의견의 자유를 강조하는 정신이다.

몸을 낮추고 주변을 관찰하세요

"저는 색깔이 있으면 모든 색이 다 예뻐 보여요.
사람도 마찬가지예요. 모두가 예뻐서 한없이 보듬고만 싶어요."

김지운 (1964년 생) 한국의 영화감독

눈을 뜨고 감을 때까지 내가 겪은 모든 일들을 작품의 원천으로 삼고 있어요. 그중에서도 그림이나 사진에서 아이디어를 많이 얻지요.

케이크를 보는 것과 맛보는 것은 전혀 다르다.
〈매트릭스〉에 나오는 모피어스의 대사랍니다. 실제로 접하지 않으면 결코 알 수 없다는 뜻이지요. 제 머릿속의 생각들이 케이크라면 감독이 되어 관객들에게 생각을 보여 주는 것은 케이크를 맛보는 거예요.

요즘은 정보가 많아요. 그래서 자신이 직접 보거나 느끼지 않은 것도 자신의 경험인 듯 생각해 버려요.

하지만 자기가 직접 보고 느낀 것을 자신의 방식으로 이야기하는 게 중요해요. 그런 말이라야 다른 사람의 귀에 쏙쏙 들어오거든요.

저는 뭐든지 보는 게 좋아요. 지금도 명동에 가거나 대형서점에서 오가는 사람들을 지켜보는 게 재미있어요.

자신을 낮추고 내 주변의 것들에 대한 관심을 더 가져보세요. 상상했던 것보다 더 많은 것을 발견할 수 있을 거예요.
비디오 아티스트 백남준 씨의 말 기억하세요? "게임에서 이길 수 없으면 자신이 게임의 룰을 만들면 된다." 어때요, 근사하지요? 자신의 룰을 만들 때까지 몸을 낮추어 관찰해 보세요. 분명 성과가 있을 거예요.

08
네 주변이 모두 책이며 공부다

세상이라는 복잡하고 두꺼운 책을 어떻게 읽어야 할까? 너는 지금 인생의 아주 중요한 시기를 지나고 있다. 지금 너에게 세상을 바로 아는 것만큼 중요한 일은 없을 것이다. 세상을 살아가면서 얻는 지식은 네가 지금껏 읽었던 모든 책을 합친 것보다 귀한 재산이 된단다. 지금부터라도 세상을 보다 면밀히 관찰하고 이해하려는 습관을 가진다면 좋겠구나.

세상을 배우려면 무엇보다도 사람을 알아야 한다. 사람을 만나 대화를 나눌 때는 아무리 훌륭한 책을 읽던 중이라도 잠시 덮어 두고 사람들의 이야기에 귀를 기울이는 것이 좋다. 그리고 사람들과 즐겁게 어울려 지내야 한다.

요즘 네 학업 일정이 많이 바쁘다는 말을 들었다. 공부도 중요하지만 잠시 숨

돌릴 시간을 갖고 지혜로운 인간관계를 맺는 일도 소홀히 하지 않았으면 좋겠구나. 어쩌면 그것이 너에게 몇 배 나은 공부가 될 수도 있단다.

세상은 그 자체만으로도 네게 꼭 필요한 메시지를 전달하는 책이 될 수 있다. 세상이라는 책은 사람들 틈에서, 학교 안에서, 식사 시간에, 함께 차를 마시는 중에도 읽을 수 있다. 네가 발을 딛고 서 있는 세상과 네 주변에 있는 모든 사람들이 바로 책이며 공부가 될 수 있단다.

사람을 읽지 못하는 사람은 결코 자신의 분야에서 성공할 수 없는 법이다. 변호사가 판사나 배심원의 마음을 읽어낼 수 없다면 재판에서 이길 수 있을까? 부하 직원들의 마음을 읽지 못하는 상사가 일을 잘해낼 수 있을까? 나의 대답은 단호하게 '아니다'란다.

사람들을 신중히 관찰하는 습관을 가져라. 그리고 그들의 마음을 읽는 사람이 되어라. 관심과 배려는 사람들을 즐겁게 하고, 그것은 다시 네게로 돌아와 더 큰 기쁨이 될 것이다. 남에게 무조건 베풀고 양보만 하는 사람은 어리석어 보일지도 모르겠지만, 진실로 너와 같은 편에 있는 사람이라면 너에게 양보와 배려를 보여 줄 것이다.

나의 적을 만들지 않는 것도 현명하게 세상을 사는 방법이다. 자신감이 없거나 부족함이 많은 사람일수록 겸손하지 못한 경우가 많단다. 아무리 힘들 때도 열정과 용기를 잃지 않는 길은 자만심을 버리고 양보와 배려로 남들과 어울리는 것이다.

겸손한 태도로 주변 사람들에게 가까이 다가가 보아라. 그 속에서 진정으로 너를 살찌우는 지혜와 너를 돕는 사람들을 만날 수 있을 것이다.

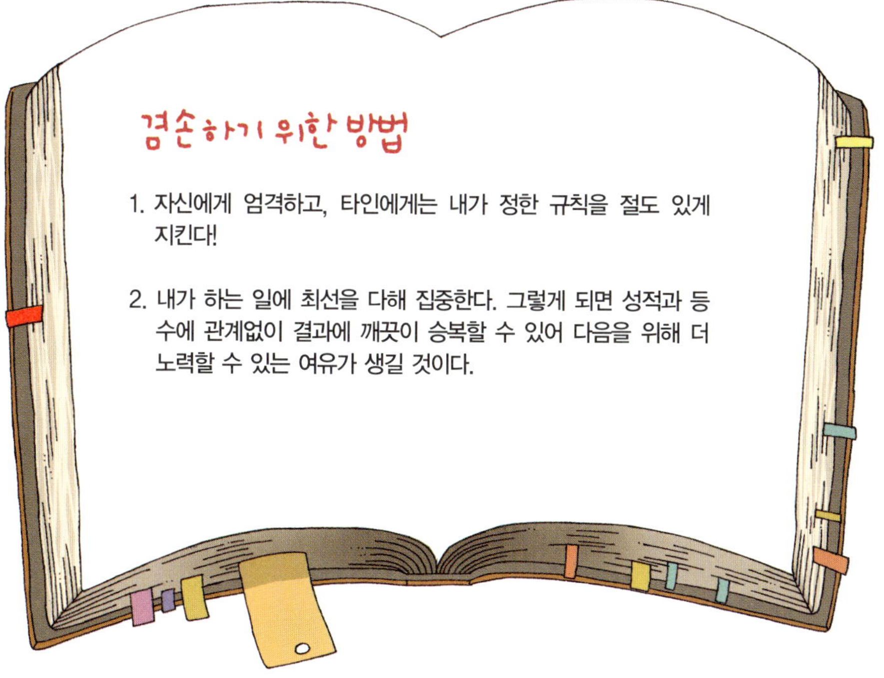

겸손하기 위한 방법

1. 자신에게 엄격하고, 타인에게는 내가 정한 규칙을 절도 있게 지킨다!

2. 내가 하는 일에 최선을 다해 집중한다. 그렇게 되면 성적과 등수에 관계없이 결과에 깨끗이 승복할 수 있어 다음을 위해 더 노력할 수 있는 여유가 생길 것이다.

변화는 내 안에서부터

"어떤 일이라도 집중하는 습관을 가지세요.
집중력을 가지면 더 많은 일을 해낼 수 있고, 더 좋은 생각도 할 수 있어요."

아이작 뉴턴 (1642년~1727년) 영국의 물리학자

아이작, 덥지 않니? 책걸상을 뒤로 물리렴.
그런 방법이….
한 가지 일에 골몰하면 그밖의 일에 대해서는 완전히 잊어버리는 거지요. 누가 뭐래도요.

참 나…. 뭐 그렇게 생각할 게 많아요?
모르는 소리! 밖을 보면 신기한 것들이 얼마나 많은데!

왜 지구와 달은 부딪치지도, 멀어지지도 않으면서 규칙적으로 돌고 있는 것일까?

사과는 왜 위나 옆으로 떨어지지 않고 아래로 똑바로 떨어지는 걸까?
지구에는 끌어당기는 힘이 있어서, 이것 때문에 지구가 태양을 돌고, 달이 지구를 도는 것은 아닐까?

아고고~ 그렇게 간단한 걸 모르는 게 이상한 거죠.
이 녀석! 내 앞에서 잘난 척하다니!

아, 그렇다면 무엇이든 궁금한 게 있으면 답을 찾겠다는 의지와 찾을 수 있다는 긍정적인 태도가 있어야겠네요.
그, 그렇지?

네 말이 맞아. 내가 긍정적이지 못했다면 이 많은 일들을 할 수 없었을 거야. 중간에 포기하고 쉬운 일을 택했겠지.
나 자신부터! 변화는 바로 내 안에서부터 시작하는 것이었어.

새 드레스를 입는다고 해서 저절로 우아해지는 것이 아니듯,
성공은 저절로 이뤄지는 것이 아니라 열심히 노력한 대가이다.
아무것도 하지 않는 것보다 훨씬 좋은 길은
실패하더라도 경험한 사람이 걸어온 길이다.

코코 샤넬 : 프랑스의 패션 디자이너

불행한 어린 시절을 극복하고 자신의 분야인 여성복에서 20세기 초반의 갑갑한 장식들을
과감히 생략하여 손에 드는 가방 대신 어깨에 메는 가방을,
치마 대신 바지를 입도록 고안해 냈어요. 여러 가지 실험을 거쳐 여성들이
편안한 옷차림으로 사회활동을 하는 데에 많은 영향을 끼쳤습니다.

내 미래의 디딤돌이 되는 외모

엄마, 나 잘생겼어요?
그럼~ 우리 아들이 최고로 잘 생겼지~.
키가 이렇게 땅딸막한데도? 쌍꺼풀이 없는데도?
코도 낮아요. 용돈이라도 많으면 인기가 있을 텐데!
….

아빠, 오셨어요?
뻥
하하, 오늘은 어떻게 보냈니?

기분이 하루 종일 별로였어요. 오늘 어떤 녀석이 전학을 왔는데 아주 잘생겼어요!
녀석은 용돈도 많은가 봐요. 매점에서 과자도 사서 나눠 줬어요. 내 옆에 앉았는데 왠지 초라해서 기분이 안 좋았어요.

흐음~.
그 친구가 너보다 인기가 많아질까봐 속이 상한 모양이구나.

친구가 너보다 앞서 나가는 것 같아 답답한 거지? 괜찮아, 사람은 누구나 그런 생각을 할 수 있단다.
쏴아…

인간의 사회에도 동물과 마찬가지로 적자생존이나 우승열패 등의 논리가 작용하는 법이니까.

하지만 생긴 것 가지고 고민할 것 없다. 타고난 얼굴은 네가 어떻게 삶을 살아가느냐에 따라 얼마든지 바뀔 수 있단다.
와! 정말요?

으악!!
번
쩍
얼굴에는 그 사람의 인생이 고스란히 드러나게 되어 있지. 그리고 못생겼건 잘생겼건 너는 우리 가족에게 너무나도 소중한 사람이니까.

잘생긴 남자, 예쁜 여자가 보기 좋은 건 당연한 일이다. 하지만 잘생기고 예쁘다는 이유로 무조건 그들을 사랑하게 되지는 않는단다.

다른 사람을 사랑하는 이유는 그 사람의 다른 것도 좋기 때문이지, 특별히 잘생기거나 예쁜 외모 때문이 아닌 것이다.
사랑합니다.

그리고 너는 좌절하지 않아도 좋을 만큼 충분히 멋있고 귀엽단다.
아무렴, 엄마와 나를 닮았으니!

세상에 부족함 없는 사람 있으면 나와 보라 그래!
외모도 마찬가지지만, 사람은 누구나 남들보다 부족한 부분을 갖고 있단다.

하지만 그런 부족함도 성장의 디딤돌이 될 수 있는 것이라 생각하면 조금 더 편하지 않을까?

정정당당하게 최선을 다하고, 그것으로 사랑받을 수 있다고 생각하면 세상에 두려울 일은 없을 것이다. 알았지?
네!

독일의 철학자 쇼펜하우어는 이런 말을 했단다.
사람은 누구나 어느 정도의 근심, 고통, 고민을 가지고 있어야 한다. 짐을 싣지 않은 배가 항해하는 것을 생각해 보라.

아무것도 싣지 않은 배는 불안정해서 바다 위를 똑바로 항해하기 어려울 것이다. 마찬가지로 사람도 역경과 곤란을 겪으면서 중심을 잡는 것이란다.

사람들은 자신에게 닥칠 역경과 곤란을 두려워한 나머지 적극적으로 도전하지 못하고 스스로 불행에 빠지고 마는 것이 아닐까?

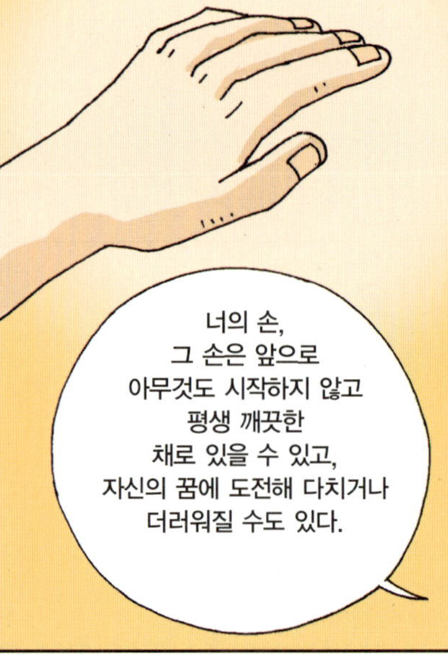

너의 손, 그 손은 앞으로 아무것도 시작하지 않고 평생 깨끗한 채로 있을 수 있고, 자신의 꿈에 도전해 다치거나 더러워질 수도 있다.

다치거나 더러워지는 것을 두려워하지 말아라. 실패를 두려워해서는 어떤 것도 얻을 수 없단다. 그 실패가 너의 성공의 시작이 될 수도 있어!

자신의 단점은 성공을 위한 하나의 디딤돌이 될 수도 있다.
단점을 운명이라고 받아들이고 체념한다면 희망찬 내일은 오지 않을 것이다.

'하찮은 사람이…' 라는 생각으로 스스로를 옭아매는 순간 정말 아무것도 할 수 없는 상황에 이르게 된다.

큭, 쟤 옷 입은 것 좀 봐!
내 모습이 우스운가?
화끈
일상생활에서도 너의 단점을 지적하는 경우가 많을 것이다.

큭큭, 어리버리한 모습이 조금 귀엽다.

하하,
우습게 생겨서 미안!
하지만, 남의 말이 모두 옳은 것은 아니니 주눅들 필요는 없다.

너의 단점이 성공의 디딤돌이 되도록 용기를 내어라. 로마의 학자 키케로의 말처럼 '같은 돌부리에 두 번 넘어져 세상의 웃음거리' 는 되지 않아야 한다.

고대부터 지금까지 위대한 인물들도 누구나 단점을 가지고 있었다. 그러나 그들은 자신의 단점에 맞서 당당하게 나설 줄 아는 용기가 있었기 때문에 어느 한 순간도 초라하지 않았단다.

09
얼굴은 자신을 보여 주는 한 권의 책

아들아, 이제 너도 외모에 관심을 가질 나이가 되었구나.

얼굴 생김새는 네 자신이 선택할 수 있는 것이 아니다. 선천적으로 타고나는 것이기 때문에 누구나 예쁘고 잘생긴 얼굴을 가질 수 없다. 그래서 네 또래 아이들은 외모 때문에 부모님을 원망하기도 하는데, 그것은 바람직한 행동이 아니다. 네가 알아야 할 것은 얼굴 생김새가 너 자신을 드러내는 '외모'의 전부가 아니라는 것이다.

남을 대할 때 예의 바른 몸가짐이라든가 호감 가는 말투를 쓰는 것도 그 사람을 드러내는 '외모'가 될 수 있다. 또한 깨끗하고 단정한 옷차림이나 몸을 청결하게 가꾸는 것도 너만의 아름다움을 표현하는 좋은 방법이다.

자신의 외모를 잘 관리하는 것은 앞으로 사회생활을 하는 데도 중요하단다. 청

결하고 단정한 외모는 상대방에게 좋은 인상을 남기고, 원만한 인간관계를 통해 일처리도 능숙하게 할 수 있게 해주는 것이지. 지금부터라도 외모 관리를 잘해야 한단다. 기본적으로 깨끗이 씻고, 양치질을 잘 하는 것, 또 외출할 때 옷차림을 단정히 하는 것부터 시작해 보렴. 열네 살의 너에게 잔소리처럼 들릴지도 모르겠지만, 이런 작은 것을 하나하나 실천해 가는 것이 앞으로 네 삶을 몇 배로 윤택하게 해준단다.

사람은 나이가 들면서 점차 자신의 모습을 찾아가는 것이란다. 마음과 몸이 진정한 너의 모습으로 점차 변해가는 것이다. 얼굴 모습도 마찬가지란다. 세월이 흐르면서 겪는 온갖 경험이 자신의 얼굴에 고스란히 묻어난다. 밝고 긍정적인 생각을 가진 사람은 환한 웃음을 가진 얼굴을 갖게 되고, 어둡고 비관적인 생각을 가진 사람의 표정에는 그늘이 져 있을 것이다.

따라서 네 얼굴도 네 스스로가 노력하여 가꿀 수 있단다. 네가 어떤 사고방식으로, 얼마만큼 인생에 대해 진지하게 고민하느냐에 따라 네 얼굴은 달라질 수 있는 것이다.

세상에서 나의 역할은 무엇일까? 나의 위치는 어디일까? 내가 하고 싶은 일은 무엇일까? 네 스스로 이런 고민들을 해보았니? 다시 말하지만, 네 자신이 삶에 대해 치열하게 고민한 결과물이 바로 너의 얼굴이 된다. 시간이 흘러 고민과 깨달음의 흔적이 얼굴에 하나하나 새겨지고 덧대어질 것이다. 네 스스로 진지하고 점잖은 행동을 하면 그 모습 그대로, 또는 용기 있는 행동을 하면 그 모습 그대로가 너의 얼굴에 담겨 표정으로 나타나는 것이다.

그래서 자신의 얼굴을 주의 깊게 들여다보면 또 다른 자신의 모습을 발견할 수 있다. 마찬가지로 다른 이의 얼굴에서도 그 사람만의 경험과 가치관을 읽어 낼 수 있는 것이다. 타고난 외모에 집착하지 말아라. 외모는 스스로 가꾸어 가는 것이고, 네가 어떤 삶을 사느냐에 따라 얼마든지 바뀔 수 있단다.

아들아, 다른 사람들의 얼굴에 새겨져 있는 그 사람만의 인생을 꿰뚫어 보는 지혜로운 사람이 되어라. 얼굴은 그 사람을 보여 주는 한 권의 책과 같다는 것을 꼭 기억하여라.

예쁜 얼굴? NO! 아름다운 얼굴 가꾸기

1. 세수 마지막엔 찬물로 꼭 씻어줄 것. 찬물로 씻으면 정신이 반짝 들고! 피부도 마찬가지겠지?

2. 청소년은 청소년용 화장품을 사용하세요.

3. 적당한 운동과 풍부한 영양 섭취는 필수!

사람의 마음까지 드러내는 얼굴

"스스로 마음의 벽을 만들지 말아요.
벽을 허물면 그때부터 마음이 편안해진답니다."

안성기 (1952년 생) 한국의 영화배우

얼굴 표정은 사람의 마음을 드러내는 중요한 수단이지요. 작은 표정만으로도 사람들에게 큰 감동을 줄 수 있답니다.

오랜 배우 생활을 하면서 느낀 것은 열 마디 대사보다 진실한 표정 하나가 사람들에게 더 큰 공감을 얻을 수 있다는 것이었어요.

10
꿈을 담는 그릇, 인품

네가 원하는 분야의 전문가가 되려면 어떻게 해야 할까? 우선 자신만의 꿈과 목표를 가져야 한다. 항상 꿈을 가슴에 간직하고, 과정을 하나하나 충실하게 실천해 나가야 한다. 책을 읽고 그 분야의 지식을 쌓는 것은 물론, 미래에 네가 오른 지위에 걸맞은 인품을 쌓는 것도 잊지 말아야 한다.

우선 네 스스로 이렇게 다짐해 보아라.

'내가 가장 즐겁고 잘할 수 있는 목표를 찾아, 최고로 인정받는 전문가가 될 것이다!'

처음 시작은 같을지라도, 목표를 가진 사람과 그렇지 않은 사람의 차이는 엄청나게 크단다. 목표는 우리를 미래로 이끌어주는 길잡이이기 때문이다.

그렇게 네가 원하는 목표에 도달한 다음에는 어떻게 해야 할까?

네가 원하는 분야의 전문가가 되었다고 해도 모두 끝난 것이 아니다. 목표를 달성하고도 길 잃은 사람처럼 방황하게 된다면 아무런 의미가 없게 된다. 네가 도달한 지위를 유지하고, 더 높은 지위를 얻기 위해 다시 노력해야 하는 것이다. 사람은 누구나 한 가지 목표를 이루는 것에 만족하지 않는 법이니까.

그래서 네가 중요한 지위에 올라 슬기롭게 일하기 위해서는 '인품' 을 가져야 한다. 인품은 사람이 가지는 품격이나 됨됨이를 말하는데, 사회에서 인정받는 전문가는 그에 걸맞은 인품이 반드시 필요하다.

인품은 그 사람을 담는 그릇과 같아서, 크기가 작거나 흠집이 나 있으면 온전하게 자신을 담을 수 없다. 즉, 인품이 부족한 사람은 성공한 뒤에도 사람들로부터 인정받지 못하게 되고, 슬기롭게 자신의 일을 해나갈 수 없다. 때문에 지금부터 인품을 쌓아가는 노력을 게을리 하면 안 된다.

훌륭한 인품을 갖는 것은 결코 쉬운 일이 아니다. 세상에는 꿈을 위해 노력하는 사람은 많아도 자신의 인품을 가꾸기 위해 노력하는 사람은 드물단다. 카를 힐티(1833~1909, 헤이그 국제재판소의 초대 스위스 재판관이자 작가)는 "죽은 후에도 자신의 인품을 깊이 남기는 사람은 극히 드물다. 중요한 지위에 있던 사람이더라도 몇 해 못 가서 잊혀져 버린다. 가장 오래 남는 것은 그 사람의 성실성에 대한 추억이다" 라고 말했다.

너의 원대한 꿈과 목표를 더욱 빛나게 하는 것이 바로 인품이란다. 인품을 가진 사람에게는 세상에 그를 도와줄 믿음직하고 성실한 사람들만 보일 것이고, 욕심을 품고 고집을 부리며 살아간다면 이기적인 사람들과 거짓말쟁이들만 만나게 될 것이다.

너는 앞으로 네가 원하는 어떤 분야에도 도전할 수 있단다. 어떤 일을 하면 좋을지 먼저 네 자신에게 관심을 가져 보아라.

나의 사랑하는 아들아, 네가 어떤 일을 하더라도 아빠는 사랑과 관심으로 너를 지켜볼 것이다.

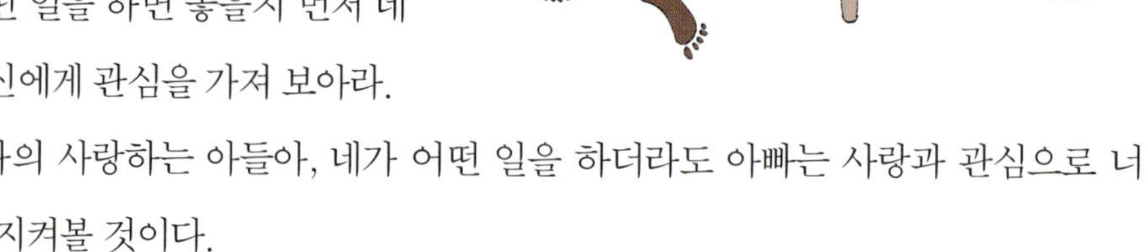

인품을 키우려면

1. 말은 사람의 인격을 드러낸다. 친구들과 대화를 나눌 때 한 번 더 생각하고 천박하지 않은 말을 사용해 보렴.

2. 편지를 좀 더 격조있게 쓰는 연습을 해보자. 글 쓰기에서도 그 사람의 인품이 드러난다.

아름답고 우아한 빈털털이

가난에도 웃을 수 있는 품위, 아름다운 음악을 만들어 내는 노력,
슈베르트에게 배워 보세요.

프란츠 페터 슈베르트 (1797년~1828년) 오스트리아의 작곡가

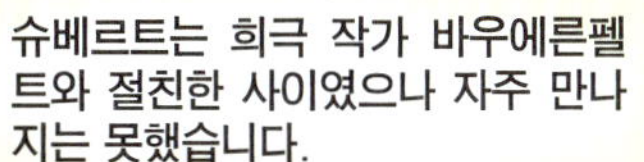

슈베르트는 희극 작가 바우에른펠트와 절친한 사이였으나 자주 만나지는 못했습니다.

꿀꺽

오랜만인데, 같이 앉아도 될까?
오! 대환영이지!

…
우걱 우걱 우걱

놀랐나?
실은 나 어제부터 아무것도 못 먹었거든.
창피하네….
툭

아, 괜찮네, 괜찮아!
실은 나도 마찬가지라네!

헝헝헝, 하하하
바우에른펠트는 행여 슈베르트가 무안할까 배려한 것입니다.

슈베르트는 돈이 떨어지면 바지를 뒤집어 창문에 내걸었습니다. 무일푼이니 찾아오지 말라는 것이지요. 그런데도 품위를 잃지 않고 아름다운 음악을 만들 수 있었던 고결한 정신은 우리에게 많은 것을 말해 줍니다. 슈베르트는 가난과의 싸움에서 지지 않고 자신의 꿈을 지켜냈던 것이지요.

스티븐 스필버그 : 영화감독

'왕따'를 당하는데다 산만하고 엉뚱하여 특수학교로 보내는 게 어떻겠느냐는
선생님의 말씀에 스필버그의 어머니는 저렇게 대답하셨다고 해요.
'꿈나라의 공장장'이라고 불리는 천재 감독으로 꿈을 현실로 만들어 내는 창조력을 가진
스필버그는 어린 시절 상상력이 풍부한 소년이었어요.

세상을 변화시키는 힘, 창조

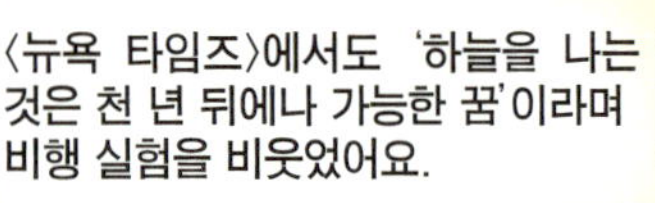

〈뉴욕 타임즈〉에서도 '하늘을 나는 것은 천 년 뒤에나 가능한 꿈'이라며 비행 실험을 비웃었어요.

인간이 하늘을 날 수 있다거나,
달에 갈 수 있다는 것은 꿈조차
꾸지 못했단다.

불가능하다고 믿으면
할 수 없게 되고,
가능하다고 믿으면
어떤 것이라도 할 수
있는 것이 아닐까?

전쟁 중
약이 없을 때
우연히 발견하게
된 것이지요!
'플라세보(placebo) 효과' 라고 하는
것이 있다.

환자들에게 좋은 약이라고 하면
서 가짜 약을 주어 진짜 약을 먹
은 것처럼 효과를 보게 되는 것을
말한다.
난 나을 수
있어.

실험에 의하면
70퍼센트의 사람이
효과를 보았다고 한다.

반대로
진짜 약을 먹고도
'정말로 나을까?' 라는
부정적인 생각을
하는 사람들의
40퍼센트는
효과를 볼 수 없었다.

확실한 믿음이 있을 때
인간이 정말로 변화할 수
있다는 단적인 예다.

세상을 바꾸고
나를 바꾸는 창조는
이렇듯 해낼 수 있다는
믿음으로부터
시작한단다.

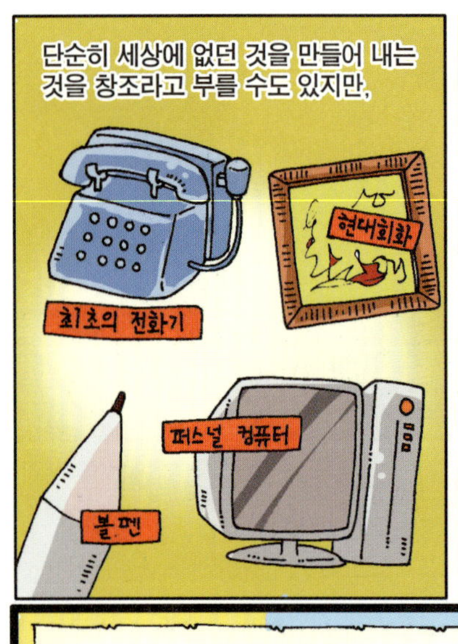

단순히 세상에 없던 것을 만들어 내는 것을 창조라고 부를 수도 있지만,
최초의 전화기
현대회화
퍼스널 컴퓨터
볼펜

발명
창조
상상력
화상통화
원래 있던 것에 상상력을 연결시키는 것 또한 세상을 바꿀 수 있는 창조라고 볼 수 있다.

그러면 창조적인 생각을 어떻게 생활과 연결시킬 수 있는지 알아 볼까?
예!

먼저 네가 도전할 만한 목표를 가지고 있는지 확인하자.
좋아하는 일을 찾으라는 말씀이죠?
좋아하고 잘할 수 있는 일이 아니면 열심히 할 수 없지.

으음, 매일 똑같이 하던 것 말고, 오늘은 뒤에서부터 숫자를 매겨 볼까?
1. over
2. go
3. w
4. th
5. and
6. you   25. look
7. have   26. make
8. said   27. just
어떤 문제든 너만의 새로운 방법으로 해결하는 거지.

다른 사람들과 함께할 때 더 뛰어난 능력을 발휘하거나,

넌 육상부니까 꾸준히 달려야겠지?
응!
나랑 아침에 같이 달리기 연습하자!
야호!
나의 빠른 발로 한 골 넣었다!
매사에 적극적으로 임해서 네가 이끌어 나갈 수 있어야 한다.

새로운 창조를 위해 노력할수록 생활은 더 즐거워지고 기쁜 일이 많아지지 않을까?
그렇다면 네가 하고 싶은 일이 무엇이든 실패나 좌절이 두려워 포기하게 되지는 않을 것이다.
그것이 창조적인 사람들이 성공하는 이유다.
사람들은 내가 쉽게 작곡한다고 생각하지만 그건 아니라네.
나는 항상 작곡에 대한 생각만 하지. 길을 걸을 때도, 밥 먹을 때도, 잠들기 전에도 항상 음악에 대한 연구와 고민을 한 끝에 작품이 탄생하는 거야.
모차르트에게 작곡은 삶 그 자체였다.
EXIT
새로운 것을 창조한다는 것은 지루하고 갑갑한 터널 속을 걷는 것과 같은 일입니다.
그 안에서 여러분만의 즐거움과 행복을 느끼며 묵묵히 걸어간다면 언젠가 밝고 희망찬 미래가 보일 것입니다.

11
잠재된 능력을 발휘하라

아들아, 네 안에 숨은 능력이 있다는 걸 알고 있니?

사람은 누구나 잠재된 능력을 가지고 있단다. '잠재된 능력' 이란 네가 태어날 때부터 부여받은 숨은 능력을 말한다. 남들보다 춤을 잘 춘다거나, 그림을 잘 그리고, 운동을 잘하는 것도 각자의 숨은 능력이라고 할 수 있지. 그런 잠재된 능력을 개발하고 극대화하면, 네 꿈과 목표를 성취하는 데에 중요한 원동력이 될 수 있다. 따라서 네가 누구보다 잘할 수 있고 즐겁게 할 수 있는 잠재된 능력을 발견하는 것이 중요하단다.

잠재된 능력은 태어나자마자 드러나는 것이 아니라 살아가면서 우연히 발견되는 경우가 많단다. 다양한 경험을 거듭하면서 알게 되는 진귀한 보석 같은 것이지. 또한 네 주위의 사람들을 통해서도 찾아낼 수 있다. 객관적으로 너를 지켜

보고 조언을 해줄 수 있는 사람들은 네 숨은 능력을 찾아내는 데 큰 도움이 될 것이다.

잠재된 능력을 일단 발견한 뒤, 그 능력을 개발하고 극대화하는 것은 온전히 너의 몫이다. 자만심을 갖고 노력을 게을리 한다면 꿈과 목표를 성취할 수 없다. 너도 알다시피 성공은 '1퍼센트의 영감과 99퍼센트의 노력'으로 이뤄지는 것이다.

그렇다면 어떻게 자신의 잠재된 능력을 찾을 수 있을까?

반드시 거창하고 보기 좋은 것만이 잠재된 능력이 아니란다. 일상의 작은 취미에서도 잠재된 능력을 찾을 수 있다. 피아노를 배운다든지, 사진을 직접 찍어 본다든지, 자신의 잠재된 능력을 찾기 위해서는 다양한 경험을 하면서 활동 영역을 넓혀가는 것이 좋다.

열네 살 때부터 쌓는 다양한 경험은 앞으로 사회활동의 밑거름이 된단다. 너는 아직 기하학과 미적분 문제를 풀어내고 얻는 기쁨을 모르고, 물리학과 천문학을 통해 배우는 우주의 신비에 감탄해 보지 못했을 것이다. 셰익스피어의 비극이나

《삼국지》, 《수호지》를 읽으며 밤을 새운 경험은 있니? 이런 경험들이 없다면 네가 바라보는 세상은 그만큼 좁아질 수밖에 없다. 그리고 그런 경험들 속에서 너만의 잠재된 능력을 찾을 수 있는 것이다.

네가 학교에서 하는 공부는 단순히 상급 학교에 진학하기 위해서만이 아니란다. 어른이 되어 좋은 직장에 취직하기 위해서만도 아니고, 우리나라를 크게 발전시키기 위한 것만도 아니다. 공부는 자아실현을 위한 지혜로운 수단일 뿐만 아니라 삶을 더욱 의미 있게 하고, 미래를 더욱 밝게 하기 위해서도 필요한 것이란다.

앞으로 너는 진로를 위해 많은 결단을 내려야 할 것이다. 그때마다 네 소질과 적성을 잘 판단하여 결정하여야 한다. 네 결정에 자신감이 없더라도 용기를 가지고 도전해야 한다. 실패와 좌절은 네가 사는 동안 언제나 그림자처럼 너를 따라다닐 것이다. 당당하게 네 자신의 능력을 발휘하여라. 그리고 전진하여라. 네 안에는 무한한 잠재 능력이 있단다.

취미를 성공으로

1. 운동, 그림, 글쓰기, 탐험, 수집, 낚시, 등산 등 한 가지 일에 애착을 가지면, 이 애착과 집념이 성공으로 이끄는 씨앗이 된다.

2. 단조로운 생활에서 더 의미 있는 시간을 보내기 위해 교외행사 등에 참여해 보자.

3. 가장 행복한 취미는 억지로 만드는 것이 아니라 내가 해서 가장 즐겁고 편안한 일이 되어야 한다.

내 삶의 엔진은 '창조적 생각'

"장관이나 교수 같은 직책은 진정한 '나'를 말해 주지 못해요.
오직 내가 한 일이 나를 말해 주었어요."

이어령 (1934년 생) 전 문화부 장관

그때 형들이 노트를 뺏어서 놀리더군요.
야아~ 너 이거 어디서 베낀 거야?
내가 쓴 거야!
이걸 진짜로 썼으면 천재인데?

씨이, 진짜로 내가 썼단 말이야!
그때 나도 모르게 엉뚱한 마음이 생기더군요. 이건 내가 쓴 거니까 나는 천재다!

그리고 학교 다닐 때 수학을 좋아했어요. 논리로 푸는 고등수학 미적분 같은 것들요. 체계적으로 풀어나가는 과정이 재미있더라고요.

나는 '생각의 상자'에 갇히지 않도록 애써 왔어요. 어떤 틀을 깨고, 끊임없이 자유로워지기 위해 노력하는 것, 그것이 내게는 배움이었으니까요.

그래서 여러가지 일을 하면서도 늘 문화의 틀 안에서 뛰어놀고 생각할 수 있었어요. 문화의 영역이 확장된 이 시대는 내 놀이터가 더 넓어진 것이기도 해요. 누구, 나와 같이 놀 친구 없나요?

나비가 메트로놈*의 박자에 맞춰서 날고 있는가,
꽃이 디지털시계처럼 초 단위로 피어나는가.
아니다. 살아있는 것들은 모두가 연속적인 것이요, 불규칙적인 것이다.
그러므로 이 책은 완성된 것이 아니다.
읽는 사람의 상상력 속에서 조금씩 발효되어 가는 머루주이다.

이어령의 『디지로그』-서문 중에서-

* 메트로놈(metronome): 음악의 빠르기를 나타내 주는 기계.

12
너만의 창조적인 멋을 가져라

건물 짓는 일에 빗대어 보면, 너는 골조가 막 완성되어 가고 있는 중이다. 건물은 골격을 완성한 후에 장식을 하는 것처럼 이제 너만의 장식을 해야 할 때가 된 것이다. 아무리 튼튼한 골격을 가졌다고 해도 세련된 장식이 없다면 그 건물은 볼품없기 마련이다. 이제 너 자신이라는 건축물에 새롭고 창조적인 장식을 해야 할 때다.

그렇다면 창조적인 장식이란 무엇일까?

이를테면 우아하고 세련된 매너를 갖는다든가, 어떤 분야의 해박한 지식을 가진다거나, 남다른 상상력을 가지는 것도 너를 돋보이게 하는 멋이 된단다. 또한 외모를 꾸밀 때도 자신만의 매력을 돋보이게 드러내는 것이 창조적인 장식이라 할 수 있다. 하지만 남들이 꾸미는 모습을 좇아 흉내 내거나 모방하는 것은 창조적인 멋이 아니다. 유행하는 옷을 따라 입고, 친구들이 쓰는 물건을 똑같이 쓰는 것으로는 자신만을 멋을 드러낼 수 없단다.

자신만의 창조적인 멋을 가진 사람은 상대방에게 좋은 첫인상을 남길 수 있다. 전에도 말했듯이 사회생활에서 첫인상은 무척 중요한 것이란다. 상대방에게 호감을 주어 네가 원하는 것을 보다 쉽게 얻을 수 있기 때문이지. 따라서 상대방에게 오래 기억될 수 있으려면, 네 자신만의 창조적인 멋을 가져야 한다.

'토스카나 건축양식'에 대해 들어본 적이 있니? 토스카나 양식은 그리스의 도리스 양식에서 변형된 것으로, 어떤 건축양식보다 튼튼하고 견고한 건축 방법이지. 하지만 어찌보면 세련되지 못한 촌스러운 건축양식이기도 하단다. '피사의 사탑'이나 '콜로세움'을 보면 튼튼하고 견고한 토스카나 양식을 이용해 기초를 다진 후에 각각 로마네스크나 피사의 화려한 양식으로 장식을 얹은 것을 볼 수 있다.

만약 피사의 사탑이나 콜로세움을 튼튼하게 짓겠다는 일념으로 토스카나 양식으로만 지었다면 어땠을까? 아마 그 건축물은 지금처럼 사람들의 감탄을 자아내지 못하는 그저 평범한 장소로만 남았을 것이다. 이 건축물들이 지금까지 많은 관심을 받고 있는 이유가 바로 여기에 있다. 자신만의 창조적이고 세련된 멋을 지니고 있기 때문이지.

너만의 멋을 내는 것은 아주 사소하고 작은 것부터 시작할 수 있단다. 머리 모양

이나 옷차림에 신경 쓰는 것을 비롯하여, 해박한 지식을 쌓는다거나, 상대방과 대화할 때 말투나 태도 등에서도 너만의 창조적인 멋을 가질 수 있다. 오히려 겉모습보다 내면에서 우러나오는 멋이 더 상대방에게 오래 기억될 수 있다.

리투아니아의 격언에 "다른 사람의 지혜로 멀리까지 갈 수 있는 사람은 없다"라는 말이 있다. 너만의 멋을 창조하기 위한 노력을 게을리 하지 말아라. 주변을 세심히 관찰하여 무엇이 아름답고 견고한 것인지를 마음속에 그려 보아라. 네 가슴속의 캔버스에 밑그림을 그리고 색색의 아름다움을 멋지게 완성하여라. 누구와도 다른, 너만의 그림을 말이다.

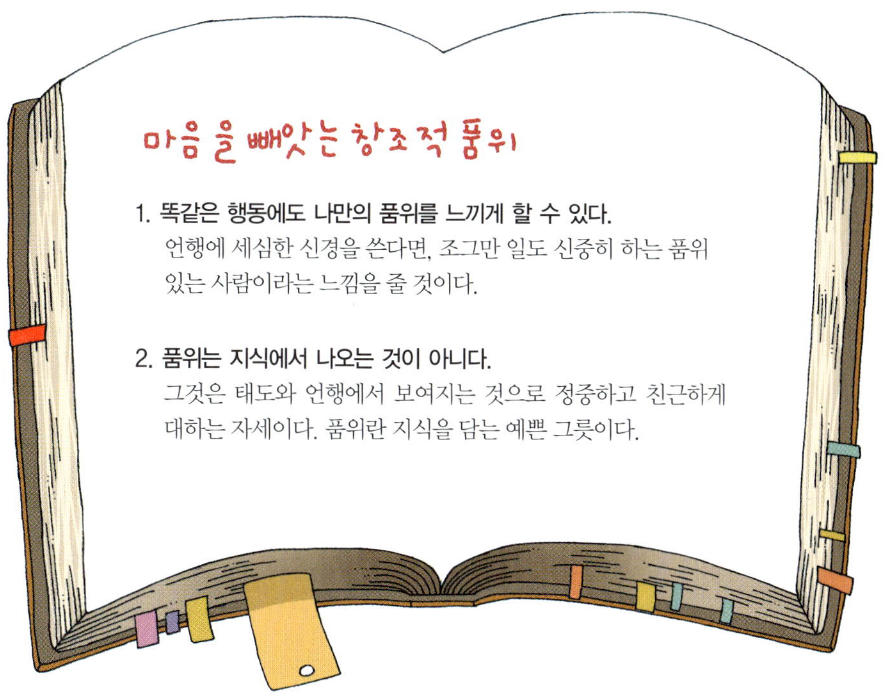

마음을 빼앗는 창조적 품위

1. 똑같은 행동에도 나만의 품위를 느끼게 할 수 있다.
언행에 세심한 신경을 쓴다면, 조그만 일도 신중히 하는 품위
있는 사람이라는 느낌을 줄 것이다.

2. 품위는 지식에서 나오는 것이 아니다.
그것은 태도와 언행에서 보여지는 것으로 정중하고 친근하게
대하는 자세이다. 품위란 지식을 담는 예쁜 그릇이다.

많은 것을 배우되 그날 잊어 버려라!

"우리 모두가 아름다움을 즐길 수 있을 때까지
나의 디자인 민주주의(designocracy-디자이노크라시)는 계속됩니다!"

카림 라시드 (1960년 생) 산업 디자이너

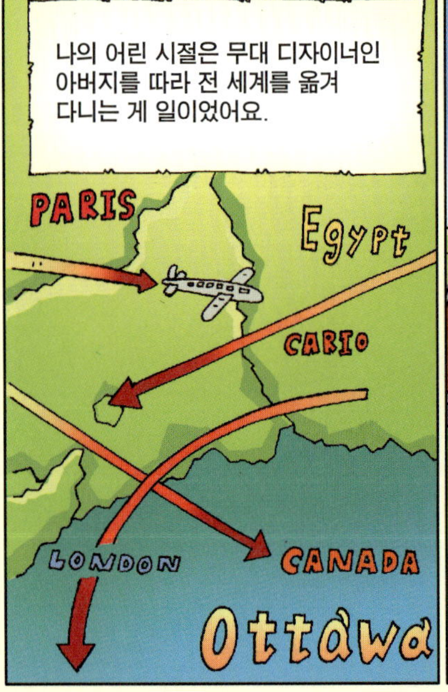

세계 디자인 산업의 수도인 뉴욕에서 인정받고 말리라!
그리고 20대 초반에 무작정 뉴욕으로 떠났습니다.
AIR PORT

돈 없으면 당장 방 빼!
네?

네? 내일 회사로 나오라구요?
얼마간 강사로 일했으나 금방 해고되었고, 월세 낼 돈이 없어 하루 종일 굶어야 할 때가 많았어요.

어렵게 취직한 회사에서 3개의 소품을 디자인했는데 그해에만 수백만 개가 팔렸고, 뉴욕현대미술관(MoMa)에 전시되었어요.
카림 라시드의 의자, oh chair

그리고 1983년 처음으로 노트북 디자인을 맡았어요.
80년대는 비슷한 물건들, 이른바 모방(me too) 디자인을 했었는데, 나는 차별화를 시도했어요.

품질과 브랜드로 승부하는 것이 아니라, 디자인으로 경쟁하는 시대가 올 것이라는 내 생각이 맞았어요.
TOSHIBA

이루고 싶은 것이 많다 보니 항상 아이디어가 샘솟아요. 내 노트북 속에는 항상 30퍼센트 정도의 '나만의 창조적인 프로젝트'들이 있어요.
배운 것을 스펀지처럼 빨아들여야 하는 건, 마음껏 표현해야 하는 디자이너에게 꼭 필요한 점이지요.

그 사람이 어떤 것을 가지고 있느냐가 아니라
그 사람이 어떤 일을 하고 있는가가
비로소 그 사람이 가진 인생의
진정한 가치를 말해 주는 것이랍니다.

헬렌 니어링 : 작가

소박한 삶에 긍정적인 의지를 가지고 자급자족의 생활을 하면서
인간존재의 근원에 대해 끊임없이 사색하며
바람직한 삶이 무엇일까를 고민했어요.
행복한 삶을 위해 독자적 길을 걸었던
미국의 유명한 자연주의자입니다.

기적을 일으키는 긍정의 눈

아빠, 오실 때 제가 부탁한 것 잊으시면 안 돼요!

허허, 이 녀석…
빨리 오셔야 돼요!

일 때문에 어쩔 수 없이 일정이 길어질지도 모르겠다. 내가 없는 동안에도 잘 지낼 수 있지?

모… 모르겠어요.

저기 잠깐 앉아 얘기할까?
네!

아빠가 잘 아는 후배가 있단다. 이번에 다른 부서로 옮기게 됐는데, 유능한 친구라서 내가 잘 아는 선배의 부서에 추천을 해주었지.
그래서요?

한 달쯤 지나서 선배에게 다음과 같은 이메일을 받게 되었단다.
그 청년은 우리 부서에 적응하기 힘들어 보이네. 세상을 비관적으로 보는지 '나에게 맞지 않는다'는 말을 자주 하더군.

그때 난 선배가 어떤 사람인지 알 수 있었어. 그리고 그 선배가 어떤 마음가짐으로 사회생활을 하고 있는지 짐작이 가더라구.

선배의 마음가짐은 어릴적 산타클로스를 믿는 마음처럼 밝고 희망찬 것이 아닐까?

또 폭행 사건
밤길이 위험하다.
CCTV 설치
반면에 세상에는 범죄와 부도덕한 사건을 저지르는, 비관적이고 악한 마음을 가진 사람들도 많이 있다.

아빠는 항상 최선을 다하라고 말했지만,
비관적인 후배를 보며 먼저 어떤 마음가짐을 갖느냐가 더 중요하다는 것을 알게 됐단다.

가령 네가 마음속으로 두려워하는 것들이 있으면 네 친구들도 마찬가지일거다.
안내소
안내소
TRAVEL DESK

꾸지람을 들으면 어쩌지, 혹은 친구들의 따돌림을 받으면 어쩌지 등등. 하지만 다시 생각해 보거라. 그것은 아직 일어나지 않은 마음속의 걱정일 뿐이지 않니?
맞아요!

두려움은 과거에 있었던 일보다 앞으로 네게 닥칠 실패와 좌절에 대한 걱정이란다. 그렇다면 해결 방법은 간단하지 않겠니?

어떤 문제가 닥쳐도 밝고 힘차게 해결할 수 있다는 자신감을 갖는 것이다.

긍정적인 마음으로 두려움을 극복하고 얻는 경험들은 앞으로 네 삶을 더욱 풍요롭게 하는 에너지가 될 것이다.

그리고 밝고 긍정적인 사람들은 마음속에 공통적으로 가지고 있는 것이 있단다.
탑승구 22

그것은 바로 '긍정적인 생각이 내 영혼에 비타민이 될 것'이라는 믿음이다.
그것만 네 마음속에 새겨 놓고 있으면 네 스스로 거인이 되어, 세상을 더욱 밝고 활기차게 살아갈 수 있을 것이다.
탑승구 2

취이익…
공항버스
Airport Limousine…
……

잊지 말아라,
네가 두려움을
이기고
도전하는
것은,
긍정적이고
희망찬 마음가짐에서
비롯된다는 것을
말이다.

나도 크면
아빠처럼 될 수
있을까?
열심히 공부하고,
밤늦게까지 일하고, 가족들을
보살피며, 그리고 항상 웃는 얼굴….

그게 얼마나 힘든 일일까?
난 학교 성적도 좋지 않은데….
그렇게 할 수 있을까?

딩동!!
엄마,
책상 위에
있는 게
뭐예요?
호호,
아빠가 놓고
가신 거란다.

편지다….

아빠, 사랑해요….
너의 꿈을 이룰수 있는 사람은
너뿐 이란다.
- 아빠 -
사실 두려움은 아무것도 아니란다.
긍정적이고 순수한 마음가짐을
잃지 않는다면, 그때부터 세상은
더욱 아름답게 보일 것이다.

13
긍정은 마음가짐에 달려 있다

아들아, 아빠는 너의 긍정적인 태도가 참 보기 좋단다. 주위 사람들도 너의 반듯한 몸가짐이나 구김살 없는 모습을 칭찬하더구나. 긍정적인 마음가짐은 다른 사람에게 좋은 인상을 남기고, 또한 어려운 상황에서도 쉽게 포기하지 않는 힘을 갖게 해준단다.

사람들을 대하는 것도 마찬가지다. 대개 비관적이고 부정적인 사람들은 상대방에게 호감을 주는 일에 대해 생각하지 못한다. 자신의 불리하고 어려운 상황에만 집착하여 남에 대한 배려를 하지 못하지. 하지만 반대로 어떤 일이라도 긍정적으로 바라보고 해결할 수 있다는 자신감을 가진 사람은 행동이나 말투에서도 상대방에게 호감을 주는 태도를 보인단다. 결국 상대방에게 좋은 인상을 남기는 긍정적인 사람들이 대인 관계도 그만큼 깊고 넓어지는 것이다. '긍정'은

네가 앞으로 사회생활을 하는 데 반드시 가져야 할 마음가짐이다.

그렇다면 긍정적인 마음은 어떻게 생겨나는 것일까?

긍정적인 사고방식은 네 마음가짐에 달린 것이다. 먼저 네가 남들보다 '재능이 없다'는 열등 의식을 버려야 한다. 그리고 '시간이 없다', '집안이 가난하다', '불행하다'라는 푸념 섞인 말을 지금 당장 버려라. 그것은 네 스스로 '애써 노력하기 싫다'고 말하는 것뿐이다. 긍정적인 마음을 가지면 자신의 작은 실패와 불행쯤은 얼마든지 극복할 수 있다. 지금 하고 있는 일을 다시 한 번 꼼꼼히 점검해 보아라. 어떤 어려움이 닥쳐도 넘어지지 않겠다는 의지를 가지고 말이다.

톨스토이(1883~1945, 러시아의 작가)는 "인생의 목적이란, 끊임없이 악을 선으로 바꾸어 가는 것"이라고 했다. 눈앞의 절망은 네 스스로 바꿔나가야 한다. 어떤 불행한 상황에 처하더라도 긍정적인 마음으로 바라보는 것, 그것이 열네 살의 네가 해야 하는 일이다.

또한 네 안에 숨어 있는 '긍정'을 자꾸 끄집어내려고 노력해야 한다. 그것을 위해 영혼의 비타민이 될 만한 명언집이나 감동이 있는 소설책을 읽어 보는 것도 좋다. 마음속의 긍정을 놓치지 않도록 스스로 노력해야 한다.

일상 생활에서 긍정적으로 생각하는 습관을 가져라. 매사에 긍정적으로 말하고 즐겁게 행동하도록 노력하여라. 그것은 너의 목표를 향해 한 발짝 나아가는 지름길이 될 것이다.

긍정적인 생각은 너의 마음뿐만 아니라 몸까지 건강하게 해줄 것이다. 한 번쯤 네 하루 일상을 스스로 점검해 보아라. 몸과 마음을 해치는 습관들이 과연 무엇인지 살펴보아라. 긍정적인 마음을 가지는 순간, 네 미래도 바뀔 것이다.

긍정은 마음가짐이다!

사람이란 누구나 마음속에 어느 정도는 외로움을 갖고 있습니다. 사람이 불행해지는 것은 사람이 그것을 어떻게 받아들이느냐의 문제입니다.

같은 학급에 우연히 성적도 비슷하고 가정환경도 비슷한 두 친구가 있습니다. 그중 한 사람은 늘 즐겁게 웃는 얼굴인데, 다른 한 사람은 자신이 불행하다고 생각합니다. 나중에 이들이 졸업하고 누가 더 많은 친구들과 함께 즐거운 사회생활을 할 수 있을까요? 긍정적인 생각은 여러분의 밝은 미래를 위한 첫 단추입니다.

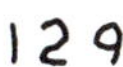

긍정은 나의 힘!

"낯선 곳에서 무엇을 발견할 수 있을까? 눈을 감아 버리면 아무것도 알 수 없어.
어떤 곳에서든 해낼 수 있다는 마음, 그것이 나의 재능이야."

유일한 (1895년~1971년) 전 유한양행 회장

일한은 몇 년 동안 일을 해서 돈을 모아 대학 공부를 마쳤습니다.
그리고 대기업에 취직했지만, 그마저도 3년만에 그만두고 말았습니다.

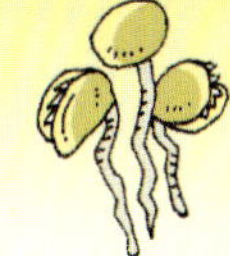

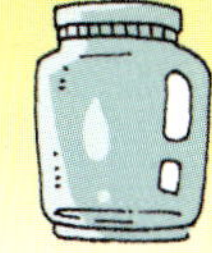

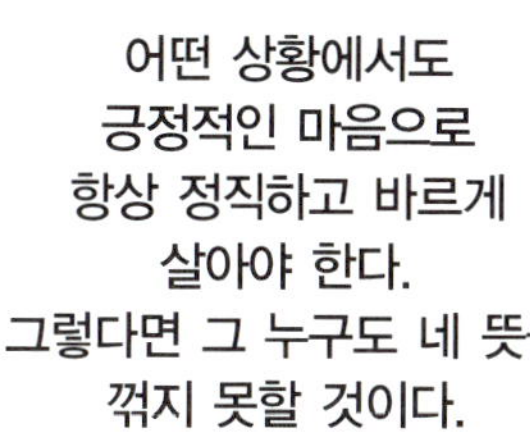

격변하는 세계 속에서 일한이 읽어낸 것은 현재 벌어지는 정치적 상황도, 현실 파악도 아니었습니다. 다른 이들의 관심을 읽고 도우려는 마음이 그를 세계적인 사업가로 만든 것이지요.

14
거인이 되는 긍정적인 상상

아들아, 긍정적인 사람을 보았을 때 첫인상이 어땠니?

나는 긍정적인 사람을 보면 그 인품마저 크고 깊다고 느낄 때가 있다. 그런 사람은 침착한 목소리에 편한 미소를 지으며, 왠지 자신감이 가득 차 보인단다. 반면에 부정적인 생각을 가진 사람은 같은 상황에서도 화를 내거나 성급하게 서두르고 과민한 태도로 언성을 높일 때가 많다. 긍정적인 생각이 사람의 태도까지도 변화시키는 것이 아닐까?

하루를 보내는 생활 태도에도 많은 차이가 있을 것이다. 긍정적인 사람은 자신의 목표를 실천해 나가며 하루하루가 즐겁기만 할 것이다. 하지만 부정적인 사람은 매일 자신에게 주어진 임무가 어렵고 두렵기만 하여 스트레스를 받을 것이다.

불안과 두려움에서 자유로운 사람은 없단다. 네 스스로 마음속의 불안과 두려움을 잘 다스릴 줄 알아야 한다. 긍정적인 상상력으로 네 마음속에 불안과 공포가 침투하지 못하도록 단단한 막을 쳐야 하는 것이다.

위인들 중에서는 이처럼 어려운 상황을 긍정적인 생각으로 극복해 낸 사례들이 많단다. 독립운동가 신익희 선생은 "내 인생에서 시작할 때 가능하게 보였던 일은 없었다"는 말을 남겼는데, 그는 소탈하고 긍정적인 성격의 인물로 유명하다. 어느 날 그는 가정부가 실수로 설익은 밥을 지어 온 것을 먹으며 "괜찮아, 나는 위장이 튼튼하니 염려 말아요" 하고 웃었다고 하며, 또 다른 날에는 가정부가 진밥을 해오자 "걱정 말아요, 오늘은 약밥이라서 좋군!"이라며 웃으면서 밥을 먹었다고 한다. 이처럼 낙천적이고 긍정적인 성격이었기 때문에 어려운 국내의 정치 상황에서도 국회의장의 자리에까지 오르게 되었던 것이다.

긍정적인 생각을 한다고 해서 터무니없는 몽상을 하는 것은 아니다. 오히려 어렵고 힘든 상황이 닥치면 문제의 원인을 면밀히 파악하고 또 다른 기회를 포착하여 끝내 자신의 뜻을 펼칠 줄 아는 것이다.

너도 앞으로 수많은 어려움과 고통을 겪게 될 것이다. 초등학교를 마치고 중학교, 고등학교, 대학교에 올라갈수록 고민과 스트레스가 많아진단다. 그럴 때마다 부정적인 마음으로 두려움을 갖는다면 실패의 구렁텅이에 빠져 버리게 된다. 이때

긍정의 상상력을 펼쳐 보아라. 성공의 지름길을 여는 열쇠가 될 것이다.

긍정적인 사람은 어려움과 불안이 없는 것이 아니라, 어려움을 대하는 태도가 다른 것이다. 스포츠 선수는 '이미지 트레이닝'으로 경기에서 이기는 자신의 모습을 상상하여 상대에 대한 두려움을 없앤다고 한다. 너도 스스로 큰 거인이 되어 사소한 문제들은 한번에 날려 버리는 유쾌한 상상을 해보면 어떨까? 멋지고 유쾌한 상상을 얼마든지 할 수 있는 자유가 너에게는 있으니까.

고민을 해결하려면

1. 목표가 너무 터무니없는 것이기 때문에 스트레스를 받는 것은 아닐지 한번쯤 생각해 본다.

2. 지나간 일을 머릿속에서 지워 버리고 다만 거기서 얻을 수 있는 교훈만 생각한다.

3. 매일 아침 24시간을 알차게 보낼 수 있는 최고의 계획을 상상한다.

4. 어떤 일에 새롭게 도전하는 상상은 자신에게 보내는 멋진 선물이다.

작아도 초라해도 내 방법으로!

"어렵고 힘든 무명의 작가일 때도
나는 긍정적인 시선으로 나만의 해결 방법을 찾아냈습니다."

윌리엄 서머싯 몸 (1874년~1965년) 영국의 작가

《인간의 굴레》, 《달과 6펜스》를 쓴 영국의 소설가 서머싯 몸도 사람들에게 인정받지 못해 힘든 시절이 있었어요.

출판사에서는 그의 소설을 펴내는 것을 그만두고 싶어 했습니다.

나는 런던의 여러 신문에 내 작품 속 여인을 닮은 사람을 찾는다는 광고를 냈지.

나는 윈스턴 처칠과도 친하게 지냈는데, 처칠은 나와 반대로 성격이 씩씩한 친구였지.

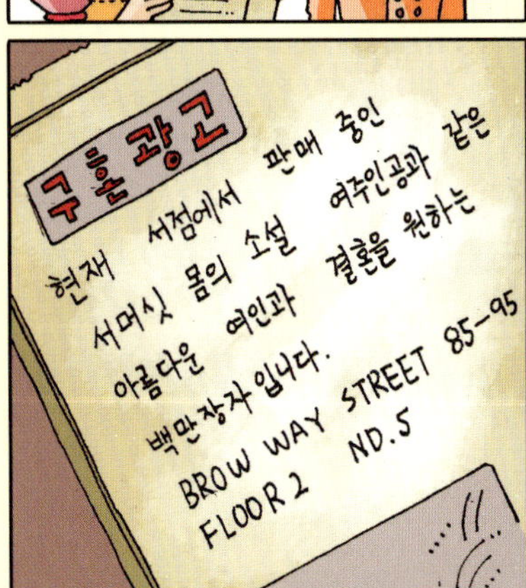

어느 날 처칠을 만나기로 했는데 기자들이 몰려와 도저히 이야기를 나눌 수 없었어.
에고고~, 친구끼리 만나기도 힘들군요.
나야 괜찮지만 처칠은 훨씬 유명한데다 사람들의 사랑을 받았으니까.
서머싯 몸씨! 오늘은 무슨 일로 만나시는 겁니까!
혹시 선거에 출마하실 생각입니까!
그래서 다음 약속 땐 기자들을 엄격히 제한해 그와 단둘이 이야기를 나누려고 했지.

아, 불편할 것 같아 출입을 삼가도록 부탁했네.
서머싯, 오늘은 기자들이 보이지 않네그려.
처칠은 실망하는 것 같았어. 그의 입장에서는 그것이 필요할 수도 있다는 걸 깨달았지.

너무 내 생각만 한 것 같아. 윈스턴은 정치인이기 때문에 기자들에게 주목 받는 것이 필요할지도 몰라. 그와 단둘이 만날 수 있는 다른 방법을 찾아보자.
그렇게 나만의 방법을 찾아, 처칠이 죽을 때까지 변치않는 우정을 나누었단다.
내 친구여, 자네가 없었다면 오늘의 나는 존재하지 않았을 것이네…

나는 살아오면서 긍정적인 생각만 가지면 못할 일이 없다는 것을 알았단다. 그래서 늘 다른 해결책을 모색할 수 있었지.
내 소설을 읽어 보렴. 현실과 꿈(이상)에 대한 인간의 긍정적인 시선을 느낄 수 있을 거야.
선생님 소설은 어렵거든요!

윌리엄 셰익스피어 : 작가

셰익스피어는 영국이 낳은 세계적인 대문호로
뛰어난 시적 상상력과 인간성의 안팎을
넓게 꿰뚫어 보는 통찰력을 가지고 많은 사람들의
공감을 이끌어 낸 창조적 작가입니다.

다른 것마저도 끌어안는 용기

★ 포용

특별한
계획이 있니?
아빠,
내일은 친구들과
놀러 가면
안 돼요?
세일
사과
100g
오렌지
켈리포니아산
100g
250
멜론
파라과이
100g
300

시험도
끝났잖아요.
친구들이랑
놀이공원에
가려고요.

아빠도 계획이
있었는데….
내일
아빠랑 같이
아동센터라도
가보지 않겠니?

아동센터?
우리 동네에
그런 곳이
있어요?
그러지 않아도
한번 같이
갔으면
했다.
많은 것을
느끼게 될 거다.

옳지, 점심으로
자장면 사줄 테니,
친구들도 모두
데려오너라.
모두에게 좋은
경험이 될 거야.
와!

구립아동복지센터

동이는 우물 속으로
들어갔습니다. 그런데…,
형아,
우물이 뭐야?
물을 긷기 위해서
땅을 파놓은 거야.

그릇을 치우는 거니? 제법 잘하는구나!
엄마를 매일 돕는 걸요, 뭐.

학자들이 말하길, 신체기관에 이상이 생기면 그것을 보완하기 위해 다른 기관이 더 발달한다고 한다. 오른손을 못 쓰는 사람이 왼손을 쓰고, 시각 장애인의 청각이 발달한 것이 좋은 예지.

신은 공평하다. 하나가 부족하면 다른 하나는 잘하기 마련이야.

너는 가족들의 사랑과 도움을 받으며 자라 왔다. 때문에 스스로 해결해 가는 능력이 부족할지 모른다.

자신의 힘으로 튼튼한 방패를 만든 사람은 다른 사람의 보호만 받아 온 사람보다 훨씬 강인한 정신력을 가지게 된다.

그래서 이곳의 경험이 네게 많은 도움이 될 것 같구나.
봉사는 순수한 마음으로 하는 것 아닌가요?

그래. 대가를 바라지 않고 남을 도와주는 마음이 중요하지. 그런 것을 숭고하다고 말한단다. 대가를 얻으려고 이런 일을 하려면 애초에 그만두는 것이 좋다.

하지만 여기서 남을 돕는 경험은 돈을 주고도 살 수 없는 값진 것이다. 다른 사람과 함께 나눌 때에만 느낄 수 있지.

너는 이곳에서 네가 다른 사람보다 특별히 우월하거나 열등한 존재가 아니라는 것을 깨달을 수 있었겠지?
네….
그 사실을 잊지 말거라.

중앙요리

너무 고맙다. 힘들었을 텐데, 어서 먹자.
잘 먹겠습니다!

그런데 아저씨, 복지센터의 소장님과 잘 아시나요? 아까 아저씨 때문에 이 일을 하게 됐다고 말씀하셨잖아요.

소장님은 내 친구란다. 나 역시 그의 덕에 봉사를 하게 된 건데, 서로 농담한 것이니 귀담아 듣지 않아도 된단다.

소장님은 대학 시절 아버지의 빚 때문에 힘들게 살았단다. 난생 처음 겪는 고통이었지.
갈 데도 없고 돈도 없구나.

거리에서 생활하다가 큰 사고를 당할 뻔한 적도 있다.
빵빵빠앙
으악!

때문에 사람에게 필요한 것이 무엇보다도 다른 사람의 사랑과 관심이라는 것을 그 누구보다 잘 알고 있단다.

뜻이 맞는 친구와 우정을 쌓는 것은 어렵지 않다. 하지만 뜻이 맞지 않는 사람들까지 감쌀 수 있는 포용력은 마음을 열고 경험해 보지 않으면 갖기 힘든 것이지. 그래서 값진 것이란다.

포용은 특별한 사람만이 가진 성격이 아니란다. 자신의 행동과 경험으로 그 폭을 계속 넓혀 나가는 것이지.

포용은 세상에서 가장 큰 힘이다.
앞으로 조금 어렵고 부족한 사람들을 끌어안고
베풀 줄 아는 훌륭한 사회인이 되어라.
그러면 어떤 사람보다 사랑받는 실천적 리더가 될 것이다.

15
잘못을 지적하는 것이 능사가 아니다

아들아, 너는 친구의 잘못을 보았을 때 어떻게 하니?

나는 어렸을 때 친구들과 말다툼을 하면 대충 넘어가지 않았다. 아무리 작은 일이라도 끝까지 잘잘못을 가리는 것을 좋아했지. 어떤 상황이라도 잘잘못을 가려 상대방이 잘못했을 경우에는 그 자리에서 충고를 하거나 면박을 주기도 했다. 상대방이 잘못을 인정할 때까지 말이다. 하지만 돌이켜 보면 그것이 항상 좋은 결과를 가져오는 것만은 아니었던 것 같다.

상대방의 결점이나 나쁜 행동을 지적하고 충고하는 것은 아주 당연한 일이다. 하지만 그것이 항상 좋은 방법이 아니라는 것을 알아야 한다. 때론 다른 사람의 결점이나 나쁜 행동을 보고도 넘어갈 수 있는 지혜로운 사람이 되어야 하는 것이다.

어떤 사람이 인정받고 싶은 마음이 앞서 교만한 행동을 하더라도 그것이 다른 사람에게 크나큰 해를 끼치는 것은 아니다. 그럴 때 교만한 행동을 지적해서 그에게 불쾌감을 주는 것보다 차라리 칭찬을 더 하여 용기를 북돋워 주는 것이 좋을 때도 있다. 사람은 누구나 칭찬받기를 좋아하고, 인정받기를 원하고, 잘못된 생각이나 결점까지도 이해받기를 원하는 법이다.

나는 그런 교훈을 배운 적이 있단다. 언젠가 회사 업무로 중요한 저녁식사를 하는 자리가 있었다. 문학 출판사에 다니는 외국인과 만나는 자리였지. 몇 사람이 모여 저녁 식사를 하며 사업에 관한 이야기를 시작했단다. 처음엔 전문적인 용어가 오고갔기 때문에 우리 직원들은 그의 말을 이해하기 어려워했다. 그는 난처해 하며 여러 가지 비유를 들어 사업 설명을 이어갔단다. 그런 중에 셰익스피어를 인용하는 대목이 있었지. 하지만 그는 잘못 알고 있었다.

나는 그 대목을 아주 잘 알고 있었기 때문에 그의 틀린 점을 지적해 주었다. 그런데 그는 "그럴 리 없소!" 하며 자신의 주장을 굽히지 않고 오히려 나를 반박하였다. 그때 왼쪽에 앉아 있던 회사 선배가 옆구리를 쿡 찌르며 "이봐, 자네가 틀렸네. 그건 틀림없이 셰익스피어에 나오는 말일세"라고 핀잔을 주었단다. 나는 답답했지만 선배가 눈짓으로 멈추라는 사인을 보냈기에 반박할 수가 없었다.

그날 밤 나는 선배와 헤어지며 그 이유를 물었더니, 선배는 웃으며 이렇게 말했단다. "나도 그 말이 사뮈엘 베케트가 쓴 말이라는 것을 알고 있었네. 하지만 자네는 왜 그 말이 틀렸다는 것을 지적하려고 했는가? 그가 자네를 좋아하도록 만들 수도 있었는데……. 그와 말이 통했던 것은 자네뿐이었잖나. 만일 자네가 옳다는 것을 증명했어도 그 사실뿐, 그의 가슴에는 상처를 남겼을 걸세."

나는 그때 무릎을 치며 깨달았단다. 남의 결점이 보이더라도, 그것이 크게 나쁜 일이나 사람들에게 상처가 되지 않는다면 받아들이고 이해할 줄도 알아야 한다는 것을…….

너는 지금껏 남을 칭찬하는 데 인색하지는 않았니?

사람은 누구나 자신의 생각뿐 아니라 버릇, 복장 등 하찮은 것까지도 흠을 잡히면 불쾌하게 생각하고, 칭찬과 인정을 받으면 크게 기뻐하는 법이란다.

반박하기 전에 한 번 더!

만약 네가 자신감에 넘쳐 사람들에게 따지고 괴롭히며 반박을 한다면 때로 승리할 수 있을지도 모른다. 하지만 그것을 승리라고 할 수 있을까?
어떠한 결론이든 상대방으로부터 호의를 얻어내지는 못할 것이고, 사람을 되레 잃어버릴 수도 있기 때문이다.

실패는 누구의 탓도 아니다!

케네디는 성공적인 일의 공적을 서로 나누고,
실패의 책임을 함께 질 줄 아는 뛰어난 리더십을 가진 대통령이었어요.

존 F. 케네디 (1917년~1963년) 미국의 제35대 대통령

길버트 길루스 우주연구소장, 머큐리 계획을 이끈 월터 윌리엄스 장관, 그리고 짐 웹 항공우주국장입니다.
이 분들이야 말로 이번 우주 비행의 숨은 공로자들입니다.

여러분, 만일 이번 우주 비행이 실패했더라면 어땠을까요?
가장 먼저 이 분들의 이름을 거론하며 잘못을 지적했겠지요.

실패를 탓하기 전에 책임을 함께 나누고 기쁨도 함께해야 한다고 강조하였습니다.
맞다!
쪼작 쪼작 쪼짝..
정말 감동적인 연설이에요!

나라가 나에게 무엇을 해줄까 묻지 말고, 내가 나라를 위해 무엇을 할 수 있을까 하는 생각이 이 나라를 발전시킬 것입니다!
케네디는 미국인들이 정부를 바라보는 시각을 새롭게 바꾸었어요.

아무리 어려운 상황이 닥쳐도 자신의 책임을 다하고 정면으로 부딪쳐 해결해 나가야 합니다.
여러분이 가진 포용력으로 세상의 중심에 우뚝 서는 리더가 되세요. 어려운 일 속에서 '남의 탓'을 하지 않는 책임감을 가진다면 가능합니다!

16
친구로서 할 일을 다하는
진정한 용기

나는 '용감하다' 라는 단어를 좋아한다.

'용감' 이란 단어에서 '감敢' 이라는 글자는 '무릅쓰다' 라는 의미이다. 따라서 용감한 것은 어떤 일을 시작할 때 좌절과 실패를 무릅쓰고 씩씩하게 도전하는 것이다. '용기'는 책 속의 위인들처럼 특별하고 뛰어난 사람만이 가지는 것이 아니다. 인간이면 누구나 가질 수 있는 것이고, 살아가면서 꼭 필요한 것이기도 하다. 또한 눈앞에 보이는 이익만을 생각하지 않고 인간답게 살기 위한 의지를 담고 있는 큰 의미를 가진 말이다.

아들아, 용기 있는 사람이 되어야 한다.

네가 태어나 첫돌이 조금 지났을 때였다. 네가 첫걸음마를 떼던 날의 기억이 아직도 또렷하단다. 갓난아이였던 네가 어느 날 바닥에서 일어서기 위해 몸을 버둥

거리기 시작했단다. 일어서기 위해 애쓰는 너의 모습이 귀여우면서도 안쓰러웠지. 나는 세 걸음 떨어진 곳에서 가만히 손을 내밀었다. 그러자 너는 천천히 발을 내딛고 일어서서 내게 아장아장 걸어왔단다. 네 스스로 걷기 시작한 것이다. 나는 그때가 네가 세상에서 태어나 처음으로 보여준 '용기'였다고 생각한단다.

용기를 내야 하는 것은 친구 관계에서도 마찬가지다. 친구의 단점을 포용하고 받아들일 수 있는 용기를 가져야 한다. 친구의 모든 것을 받아들이고 책임지려는 무모한 용기가 아니라, 나만의 원칙을 지키되 친구에게 친구로서 해야 할 일을 다하는 용기를 말하는 것이다. 지나치게 규칙과 규범에 얽매여 친구를 잃어버리는 일이 없어야 하고, 또 혼자만 잘하려는 욕심으로 친구를 떠나보내지 말아야 한다. 긴 안목으로 자신만의 원칙을 지켜나가며 타인을 포용할 줄 아는 사람이 되어야 한다.

반면 조심해야 할 친구 관계도 있다. 공부를 잘한다거나 힘이 센 아이들이라고 무작정 친구로 삼는 것은 좋지 않다. 당장의 모습만 보고 생각 없이 맺는 관계는 진정한 친구로 지속되기 어렵단다. 힘이 센 사람이나 머리가 좋고 뛰어난 사람이 최후의 승자가 될 것 같지만 꼭 그렇지는 않단다. 중요한 것은 사회의 규칙과 자신의 원칙을 지키면서 다양하게 사람들과 관계를 맺고 자신의 꿈을 펼치는 것이다.

책임을 지면 그 책임만큼 자유를 누릴 수 있단다. 인간관계도 마찬가지라서 자유롭고 좋은 관계에는 반드시 책임이 따른다. 무책임하게 약속을 남발하며 믿음을 깨는 사람들과는 친분을 맺지 말아라. 그들은 타인을 배려하지 않고 자신만 생각하는 좁은 세상의 사람들이란다.

진정한 우정을 맺으려면

1. 자신감을 가진 사람에게 사람들은 매력을 느끼게 되어 있어요.

2. 내가 가진 좋은 것을 나눠 보세요. 그 마음은 그대로 전해진답니다.

3. 관심을 가지고 먼저 말해 보세요. 나를 너무 낮출 필요도, 높일 필요도 없이 자신감을 가지고!

4. 웃음을 띠고 낙천적인 마음을 가져요. 편안한 마음으로 생활하다 보면 자연히 주위에 사람들이 모여들게 되어 있어요. 누구나 따뜻하고 편안한 것을 좋아한답니다.

함께 손 잡고 앞으로!

"나의 임무는 수많은 미국인들의 염원을 하나로 묶는 것이에요.
손을 잡고 앞으로 가요. 인종을 떠나 마음이 통한다면."

버락 오바마 (1961년 생) 미국의 제44대 대통령

오바마의 연설은 지금도 많은 사람들에게 감동을 주고 있습니다. 흑인은 물론 백인들까지도 그의 팬이 되어 버렸다고 하니까요.

왜 사람들이 내게 공감했다고 생각하니?
연설이 너무 멋있으니까요. 진짜 짱이었어요!

사람들이 나의 연설에 공감하고 나를 지지하는 이유는, 나의 삶이
미국인들이 겪어온 고통을 그대로 보여준다고 생각하기 때문이란다.

$100
부모님의 이혼, 흑인도 백인도 아닌 정체성의 혼란 등, 내가 살아온 배경이 소수 사람들을 이해하고 대변할 수 있을 거라 생각하니까.

그래도 어려울 땐 어머니가 강조하셨던 원칙, '다른 사람의 입장에서 생각해 보는 것'을 정치 활동의 길잡이로 생각하고 있단다.
대통령이 되어도 고민이 있나요?

미국 안의 다양한 사람들과 미국의 미래, 이것들에 대해 희망적으로 대답하려면 많은 준비가 필요하지.

'하나 되는 미국'을 위해 문제점을 하나하나 해결할 수 있을 때까지,
개인 오바마로서 져야 할 책임은 성실하게 다른 사람의 손을 따듯하게 잡아 주는 것이 아닐까?

"기적은 부지런하고 열심히 그것을
좇는 사람에게로 돌아간답니다.
앉아서 기적만 기다리는 사람에게는
영원히 찾아오지 않는 것이지요"

클레망스 루아이에 : 소설가

다윈의 《종의 기원》 번역에 앞장서고,
사전과 백과전서를 집필하는 등 새롭고 파격적인 시도로
세대를 깨우치는 반향을 불러 일으키는 동시에 소설과 인류학,
물리학 등 여러 가지 분야에 도전을 거듭한 프랑스 작가입니다.

성공에 이르는 첫 마음가짐

사람은 누구나 절망과 좌절을 겪게 된다. 하지만 훌륭한 사람들은 실패와 좌절까지도 기회로 삼아 자신을 위해 노력하지.

아무리 재능이 있는 사람이라도 노력하지 않으면 소용이 없다.
여기서 괴테의 경우를 예로 들자면,

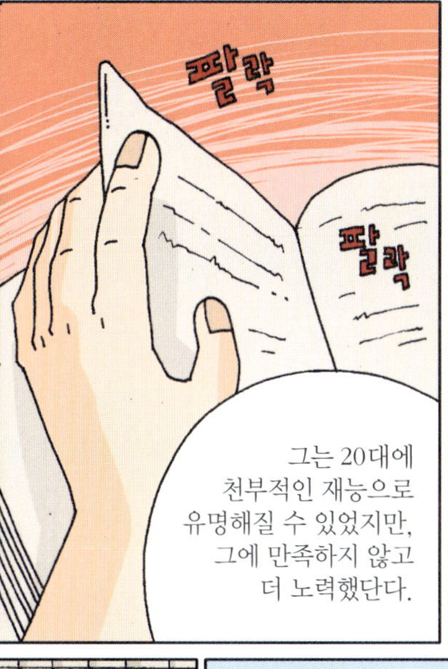

팔락
팔락
그는 20대에 천부적인 재능으로 유명해질 수 있었지만, 그에 만족하지 않고 더 노력했단다.

그리하여 23세에 《파우스트》를 쓰기 시작했지. 당시 독일에는 빌란트와 렌츠 등 다른 재능 있는 작가들도 활동하고 있었다.

어떤 면에서는 괴테보다 더 뛰어나다고도 할 수 있었으나 빌란트는 연애 사건에 휘말려 사고를 당했고,
렌츠는 작가에서 사업으로 진로를 바꾸었다고 한다.

천재에게 노력은 항상 따라다니기 마련이다. 그 어떤 위인도 성공을 위해 노력하지 않은 경우가 없었으니까.

에이, 따분해요 정말~.
한 가지밖에 모르면 바보가 된다고요! 그냥 재미있게 살면 안 되나요?

빙그레..
재미있게, 사랑받으며 즐겁게 사는 것도 그냥 주어지는 것이 아니라 스스로 노력해야 이루어지는 것이란다.

누구나 사랑받고 싶어 한다.
하지만 그것이 그냥 주어지는 것일까?

타인을 배려할 줄 알고 서로 사랑할 때
이루어지는 것이다.

20대에 이미 셰익스피어의 명성에
비견됐던 찰스 디킨스의 10대 시절을
돌아보자.

그는 채무관계로 감옥에 갇힌 아버지를 대신해 구두약
공장에서 하루 10시간씩 일하며 공부를 했다.

그러면서 글 쓰는 일도 멈추지 않았는데,
그에게 소설은 남들에게 인정받고 싶은 욕
구를 충족하는 유일한 방법이었던 셈이지.

빈민가의 버려진 아이들을 그린
《올리버 트위스트》는 폭발적인 인
기로 큰 사랑을 얻었다.

Oliver Twist
Charles Dickens

그는 작품에 이런 말을 적어 넣었다.

No advice, no counsel, no encouragement,
no consolatoion, no support from anyone
that I can call to mind, so help me God!

충고도, 조언도, 격려도, 위로도, 도움도 나에게 줄 수
있는 사람이 떠오르지 않습니다. 하느님, 도우소서!

그는 가난하고 고통받고 억압받는 자들을 위해 아파했으며,
그의 죽음으로 세상은 영국의 가장 위대한 작가 중 한 사람을 잃었다.

디킨스의 작품을 읽고 노력에서 얻어 진 그의 희망을 보아라. 그리하여 그 와 같이 다른 사람의 사랑과 존경을 받는 인물이 되기 바란다.

17
무엇이든 작은 것에서
큰 것이 된다

아들아, 나는 너를 한없이 감싸지만은 않을 거란다. 나는 너의 잘못된 행동을 보면 서슴없이 꾸짖을 것이고, 단점을 발견하면 아주 사소한 것이라도 지적할 것이다. 아들의 잘못을 바로 지적하고 쓴소리도 마다하지 않는 것이 온전한 부모의 의무라고 생각한단다.

다행스럽게도 네게는 큰 단점은 없는 것 같구나. 쾌활한 성격에 남들을 배려할 줄도 아는 네가 아빠는 자랑스럽단다. 다만 너에겐 생활 습관에서 비롯된 작은 단점이 몇 가지 있다. 조금 게으르고, 집중력이 떨어지며, 주위에 대해 무관심한 것이 그것이지. 이런 단점은 사소한 문제일 수도 있지만, 지금부터 고쳐 나가지 않으면 나중에는 걷잡을 수 없는 큰 문제가 될 수 있단다. 무엇이든 작은 문제가 커지는 법이다.

　자, 게으르고 집중력이 떨어지며, 주위에 무관심한 네 모습을 생각해 보렴. 언뜻 병에 지친 사람들이 떠오르지 않니? 육체나 정신이 쇠약해진 사람들에게서나 볼 수 있는 모습을 네가 하고 있는 거란다. 또, 인생의 황혼기

에 들어선 노인들이 평온하고 안락한 여생을 보내길 원하는 것은 아주 당연한 모습이지. 하지만 열네 살의 네가 노인처럼 행세한다면 어떨까?

　젊은이는 젊은이다운 패기와 열정이 있어야 한다. 젊은이에게 무엇보다 필요한 것은 꿈과 목표를 가지고 끊임없이 노력하는 자세란다. 영국의 역사학자 토머스 칼라일(1795~1881, 영국의 사상가이자 역사학자)은 "천재란 타고난 능력이 아니라 노력을 다하는 비상한 능력" 이라고 말했다.

　아들아, 네게도 아빠가 모르는 어려움이 있는 줄 안다. 초라한 현실 때문에 젊은이다운 용기를 마음껏 펼치지 못할 때도 있을 것이다. 하지만 그럴수록 마음을 다잡고 활기차게 행동해야 한다. 사람들과 즐겁게 어울리고 자신의 꿈과 목표를 위해 더욱 정진해야 한다. 마음을 다스리는 데도 네 스스로의 노력이 필요한 것이다.

　또한 다른 사람들로부터 존경과 사랑을 받기 위해서도 노력이 필요하다. 네가 먼저 관심과 배려를 보여 주지 않는다면 네 자신도 존경과 사랑을 받을 수 없다. 사람들과 즐겁게 지내는 것이 단순하고 쉽게 보일 수 있지만, 네 스스로의 노력이 필요한 것임을 명심해라.

앞으로 너는 치열한 경쟁 사회의 일원이 될 것이다. 그 중심에 서기 위해 반드시 필요한 것이 바로 노력하는 자세란다. 열네 살, 지금부터라도 미래를 생각하고 준비하여야 한다. 준비하고 노력하지 않으면 경쟁에서 도태될 것이다. 노력하는 사람에게는 아무리 힘든 상황이 와도 일시적인 고통일 뿐이다.

너는 지금 아주 '작은 사람'에 불과하다. 노력하지 않는다면 너는 영원히 '작은 사람'으로 남을 것이다. 자신감을 갖고 행동하여라. 이 세상의 모든 큰 것은 작은 것에서 시작했단다.

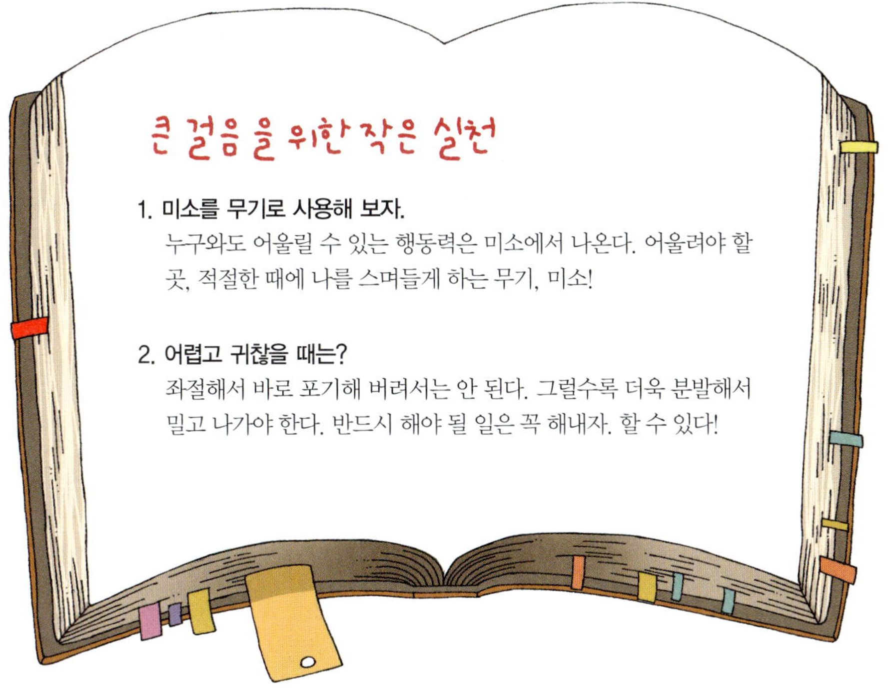

큰 걸음을 위한 작은 실천

1. **미소를 무기로 사용해 보자.**
   누구와도 어울릴 수 있는 행동력은 미소에서 나온다. 어울려야 할
   곳, 적절한 때에 나를 스며들게 하는 무기, 미소!

2. **어렵고 귀찮을 때는?**
   좌절해서 바로 포기해 버려서는 안 된다. 그럴수록 더욱 분발해서
   밀고 나가야 한다. 반드시 해야 될 일은 꼭 해내자. 할 수 있다!

사소한 것에도 열정을

"물리학의 천재라고 해서 처음부터 천재였을까?
아니야. 경솔한 판단과 무모한 도전으로 수많은 실패 끝에 이뤄 낸 거야."

앙드레 마리 앙페르 (1775년~1836년) 프랑스의 물리학자

돌을 갖고 셈하기를 좋아했던 앙페르는 돌을 모으다 몸살로 앓아 눕기까지 했어요.

마침내 전류의 방향이 나사처럼 오른쪽 방향일 때 나사의 진행 방향으로 전자기력선이 생긴다는 '앙페르의 법칙'을 발견할 수 있었어요.

대학교수가 된 후에도 연구에 몰두하기 위해 그는 종종 '앙페르 외출'이라는 쪽지를 집 앞에 붙여 놓곤 했어요.

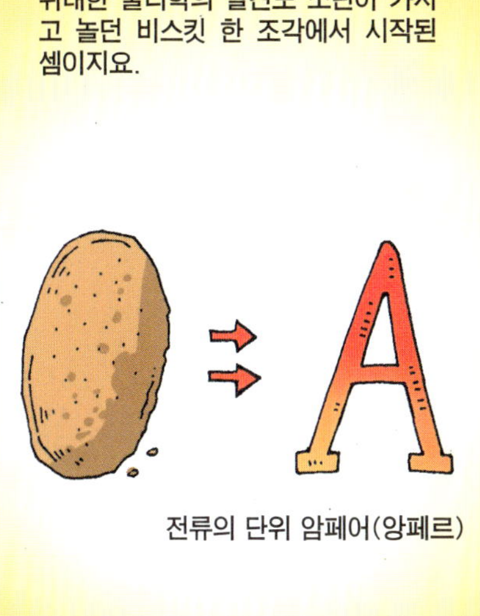

위대한 물리학의 발견도 소년이 가지고 놀던 비스킷 한 조각에서 시작된 셈이지요.

전류의 단위 암페어(앙페르)

18
노력하는 자만이
자신의 색깔을 갖는다

책 속의 위인들처럼 네 꿈을 이루려면 어떤 노력을 기울여야 할까?

무엇보다도 자신만의 색깔(스타일)을 찾기 위한 노력을 게을리 해선 안 된다. 위대한 작가, 화가, 학자들은 각자 자신만의 스타일을 가지고 있었다. 다른 사람과 차별되는 자신만의 스타일로 그 분야에서 두각을 나타낸 것이지. 요즘 같은 시대에는 남다른 스타일을 갖는 것이 더욱 중요하게 되었다. 다양한 분야에서 다양한 사람들이 경쟁하는 현대 사회에서는 자신만의 색깔이 없으면 눈에 띄지 않기 때문이다.

그렇다면 위인들은 어떻게 자신만의 스타일을 찾을 수 있었을까?

그것은 찾을 수 있다는 확신과 인내심을 가지고 꾸준히 노력하는 길뿐이다.

많은 실패를 겪어도 할 수 있다는 의지를
갖고 끊임없이 도전하다 보면
결국에는 너 자신만의 색깔을
찾는 날이 반드시 올 것이다.

　1920년 노벨문학상을 받은
크누트 함순이라는 작가가 있다.
그는 어린 시절 노르웨이에서 미국으
로 건너가 몹시 가난한 이민자 생활을 해나
갔단다. 무엇을 해도 실패의 연속이었고, 배고픈 일상의
반복이었지. 하지만 그는 끊임없이 현실을 이겨 내려고 노력한 끝에 결국 자신
의 고통스러운 생활과 괴로움을 소설로 완성시켰다.

　그 소설 제목이 바로 《굶주림》이다. 그는 이 소설로 노벨 문학상까지 수상하
게 되었단다. 자신의 고통과 쓰라린 체험을 반대로 자신만의 재산으로 바꾸어
버린 셈이지. 어려운 환경에서도 굴하지 않고 노력한 결과 자신의 색깔이 담긴
글을 발표한 것이다.

　미국의 제33대 대통령인 해리 트루먼도 마찬가지다. 남성복 가게를 운영하던
그는 경제적인 어려움에 시달리다가 결국 가게 문을 닫고 어려운 시절을 보내야
했다. 하지만 그는 실패했다고 좌절하지 않고 끊임없이 노력한 끝에 결국 미국
대통령에 당선될 수 있었다. '노력'이 사람의 미래를 바꾸어 놓은 사례는 이들
말고도 무수히 많단다.

　밝은 미래가 오길 마냥 기다리기만 하는 것은, 솥에 쌀을 넣고 밥이 되길 기다
리는 것과 같다. 스스로 불을 지피고 밥 짓는 법을 배워야만 맛있는 밥을 먹을

수 있는 것이다. '천재는 노력하는 자를 이길 수 없고, 노력하는 사람은 즐기는 자를 이길 수 없다' 라는 말이 있다. 어떤 일에 열심히 노력하더라도 즐겁게 할 수 있는 일을 찾는 것이 중요하다.

아들아, 너는 분명 나름대로의 색깔을 가진 사람이다.

아직은 그 색깔이 미미하다고 하더라도, 꾸준히 노력한다면 세상이 놀랄 만한 너만의 또렷한 색깔을 가질 수 있을 것이다.

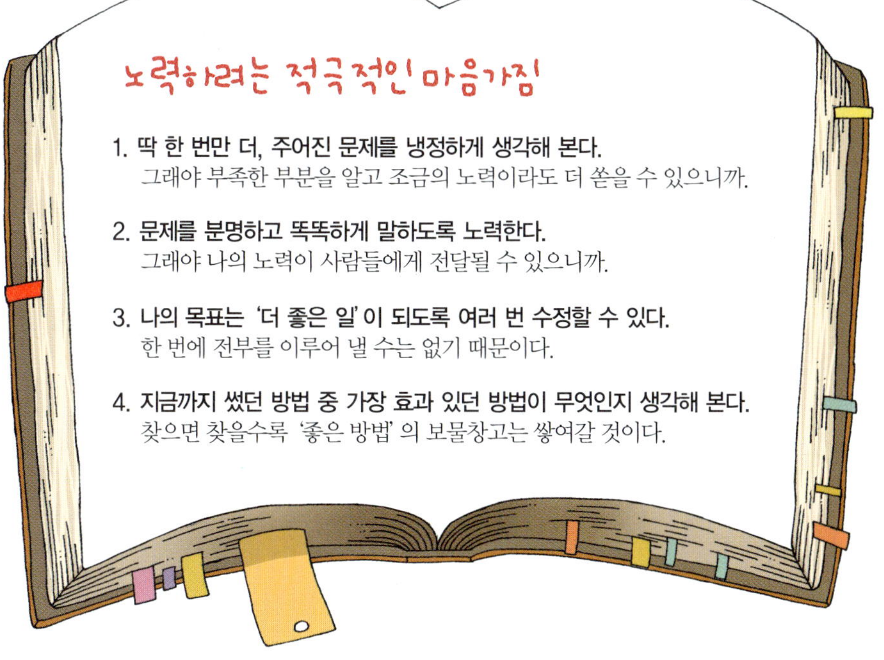

노력하려는 적극적인 마음가짐

1. 딱 한 번만 더, 주어진 문제를 냉정하게 생각해 본다.
   그래야 부족한 부분을 알고 조금의 노력이라도 더 쏟을 수 있으니까.

2. 문제를 분명하고 똑똑하게 말하도록 노력한다.
   그래야 나의 노력이 사람들에게 전달될 수 있으니까.

3. 나의 목표는 '더 좋은 일'이 되도록 여러 번 수정할 수 있다.
   한 번에 전부를 이루어 낼 수는 없기 때문이다.

4. 지금까지 썼던 방법 중 가장 효과 있던 방법이 무엇인지 생각해 본다.
   찾으면 찾을수록 '좋은 방법'의 보물창고는 쌓여갈 것이다.

민들레는 밟혀도 꽃을 피운다

'고무신 박사'로 불리울 정도로 검소한 우장춘 박사는 가난과 멸시로 한 치 앞도
내다볼 수 없는 환경에서 자신의 이론을 꿈꾸고 실현해 냈어요.

우장춘 (1898년~1959년) 한국의 농학자

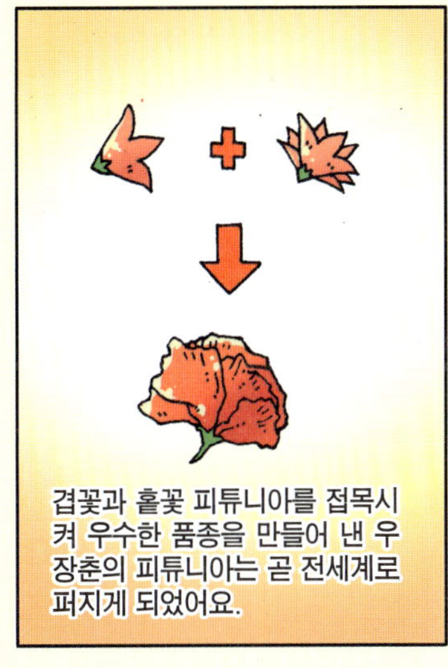

겹꽃과 홀꽃 피튜니아를 접목시켜 우수한 품종을 만들어 낸 우장춘의 피튜니아는 곧 전세계로 퍼지게 되었어요.

사다카 종묘
씨 팝니다
자네 덕분에 우리 회사는 부자가 되었네!
정말 예쁘군!
원더풀.

뿐만 아니라 이 연구는 수많은 학자들에게 의문을 던졌어요.
엥? 생명이 진화되어 발전하는 것이 아니고,
두 개가 합쳐져 더 우수한 생명체가 나온다는 건가, 지금?

우장춘의 이론으로 연구해 보았소! 우연히 생긴 하나의 돌연변이가 종 변화의 원인이 될 수도 있다는 사실을요!
소련의 리센코

미국의 매클린톡
나도 발견했소! 세대가 바뀌면서 유전자의 위치도 바뀌어 2세대에서 색이나 모양, 성격 등이 변할 수 있다는 것을요!

이렇게 과학사에 혁신을 일으킨 우장춘의 실험은 결국 매클린톡이 노벨상을 수상하게 만들지만, 만일 살아 있었다면 그와 함께 공동 수상을 하였겠지요.
어렵고 힘들어도 열심히 노력하면 그 대가를 얻을 수 있어요. 가장 좋은 해답은 바로 자신의 노력이랍니다.
쓰시마를 내주는 한이 있어도 우장춘은 일본에 있어야 한다!
1949년, 일본의 요시다 총리가 이승만에게

자, 나의 꿈을 위해 출발하자!
WELCOME!
92481

열네 살,
세상의 중심에 서라

2009년 3월 23일 초판 1쇄 발행
2010년 2월 1일 초판 3쇄 발행

원작 필립 체스터필드
엮은이 정지영
펴낸이 김성구

단행본팀장 김세중
편집 박성근
디자인 여종욱
마케팅 최윤호
제작 신태섭
관리 김현영

펴낸 곳 (주)샘터사
등록 2001년 10월 15일 제1-2923호
주소 서울시 종로구 동숭동 1-115 (110-809)
전화 763-8965(단행본팀) 763-8966(영업마케팅부) **팩스** 3672-1873
홈페이지 www.isamtoh.com **이메일** book@isamtoh.com

ⓒ정지영, 2009, Printed in Korea.

이 책은 저작권법에 따라 보호를 받는 저작물이므로 무단 전재와 무단 복제를 금지하며,
이 책의 내용의 전부 또는 일부를 이용하려면 반드시 저작권자와 (주)샘터사의 서면 동의를 받아야 합니다.

ISBN 978-89-464-1743-4 43370

이 도서의 국립중앙도서관 출판시도서목록(CIP)은
e-CIP 홈페이지(http://www.nl.go.kr/cip.php)에서 이용하실 수 있습니다(CIP제어번호: CIP2009000821).

샘터 1% 나눔 실천 샘터는 2005년부터 모든 책 인세의 1%를 '샘터파랑새기금'으로 조성하여 아름다운재단의 소년소녀 가장의 주거비로 기부하고 있습니다. 2009년까지 2,900여만 원을 아름다운재단에 기부하였으며, 앞으로도 샘터의 모든 책은 1% 나눔 실천을 계속할 것입니다.